地方自治のしくみがわかる本

村林 守著

岩波ジュニア新書 823

はじめに

私は、長らく三重県庁に勤めたのちに、大学で地方自治について研究し、現在は、三重県立看護大学の非常勤講師や、三重県の鳥羽《とば》市の監査委員などをしています。

実務と研究の双方から長年地方自治に携わってきたのですが、残念だと思うのは、身近な政治・行政であるのに、地方自治のことを知らない人が多いことです。学生たちは、これから社会に出ていくのですから、知らなくてもしかたがない、学べばよいともいえます。しかし、大人で、政治や行政に立派な意見をもっているにもかかわらず、自治体がどんな仕事をしていて、地方自治がどんなしくみで動いているのかをあまり知らないのでは、と感じるのは、とても残念なことです。たとえば、市役所は自分たちの暮らしにあまり関わりがないと思っている人も少なくないのですが、じつは、私たちの暮らしに欠かせない行政サービスの大部分は、市町村がやっているのです。

そこで、みなさんには、ぜひ地方自治のあらましを知ってから社会に出てほしい、と考えて、この本を書きました。それが、地方自治だけではなく、日本の民主主義を発展させることにもなると思います。なにしろ、地方自治は民主主義の学校なのですから。

この本のねらいは、①地方自治の全体像を理解してもらいたい、②地方自治の基本的なしくみを知ってもらいたい、③身近な暮らしから地方自治の実像を見てもらいたい、の三つです。

地方自治の現実を知ってもらいたいと思い、制度などを説明したあとには、できるだけ事例を紹介することにしました。事例は、主に三重県のものです。他県のものはよく知らないということもあるのですが、私の身近でおきた「ローカルな」事件を紹介するほうが、地方自治を考えるにはふさわしいと思うからでもあります。また、地方自治は、自らの住んでいる地域の側から発想すべきものだという私の思いとも一致します。

文中ところどころ小文字になっている部分は、くわしい説明を補足しているところですから、飛ばして読んでもかまいません。

地方自治を学ぼうとするとき、聞き慣れない言葉がいろいろ出てきます。それが理解を妨げてはいけませんので、言葉の意味を簡潔に説明するようにしました。また、巻末に索引をつけましたから、言葉の意味がわからなくなったら、そこを見てください。

目　次

目次

第1章

私たちの暮らしと行政サービス

市町村役場や都道府県庁は行政サービスをしている

みなさんが住んでいる市町村には、市役所か、町役場か、村役場のいずれかがあるはずです。これをひっくるめて市町村役場といいます。また、みなさんの市町村の属する都道府県には、都道府県庁があるはずです。

学校から社会見学に行った人もいるかもしれません。私たちが日本中どこに住んでいても、そこを区域に仕事をする市町村役場と都道府県庁があります。では、市町村役場や都道府県庁は、何をしている役所なのでしょうか？

みなさんの中で、家族がみんな働きに出ていたりして、小さいときに保育所のお世話になった人はいませんか。この保育サービスは市町村の仕事です。私立の保育所だったという人もいるでしょうが、無認可のものでなければ、それも市町村の保育サービスとしておこなわれているのです。保育の費用は市町村が負担し、保育料は市町村立のものと同じように決められ、市町村に納めます。

みなさんがお世話になった小中学校は、市町村立だったのではないでしょうか。公立の小中学校の教育サービスは、市町村の教育委員会がおこなっています。国の義務教育としておこなわれているのですが、その実施は、市町村の仕事と定められているのです。高校の多くは都道府県が設置しています。公的に設置された大学の多くは国立ですが、県立大学や市立大学もあります。私の住む三重県の場合は、県立の看護大学がありますし、津市立の短期大学があります。

決められた日にゴミを出すと、パッカー車が収集してくれます。家庭から出たゴミを集めて衛生的で安全に処理するのは、これも市町村の仕事です。産業活動から排出されるゴミは「産業廃棄物」として別に処理されていますが、産業廃棄物処理場の許認可《きょにんか》など、産業廃棄物が適正に処理されるよう都道府県が監督しています。

家から一歩外に出ると、道路を歩いたり、自転車で走ったりします。身近な生活道路は市町村、幹線道路は国か都道府県が管理しています。国道でも、路線番号が三桁のものは都道府県が管理していますから、みなさんが利用している道路の大部分は、市町村役場か都道府県庁が管理していることになります。

台風のシーズンなどには水害が心配になりますが、洪水《こうずい》がおこらないように堤防をつくったりする河川管理という仕事は、大きな河川は国か都道府県、小河川は市町村がおこなっています。

私たちが生きていくうえで不可欠な水は、市町村の水道事業によって供給されています。三重県では、県が広域水道事業として市町の水道に浄水を供給しています。都市の廃水処理は、市町村の公共下水道によっておこなわれています。三重県では、公共下水道を流域下水道に接続して広域的に処理していますが、流域下水道は都道府県の仕事です。

私たちの暮らしを支える身近な行政サービスのほとんどは、市町村役場がやっています。都道府県庁は、市町村の区域をこえるような広域的な行政サービスを実施するなど、市町村の行政サービスを補っています。

人は社会をつくって生きている

では、行政サービスとは何でしょう？　それを考える前に、「社会」というものを考えてみましょう。行政サービスとは、社会のしくみの一つだからです。

私たちヒトという動物は、社会をつくって生きています。古代ギリシアの哲学者アリストテレスは「人は社会的動物だ」と言いましたが、それは、人が社会をつくること、ポリスという当時の都市国家に集うことは、人間の本性《ほんしょう》から出たことだという意味です。

みなさんは、いまでは大きくたくましく育っていると思いますが、誰でも生まれたときには歩くことはおろか、立つこともできません。家族に助けられて成長していきます。

いくつかの家族は、一つところに集まって助けあって暮らしています。このように人が集まって暮らしていること、またはその集まりを「社会」とよびます。小さくは、家族がいっしょに暮らしているのも社会ですし、大きくは、日本の国も社会です。現代では、国がちがってもおたがいの活動が影響しあうようになり、地球温暖化などの問題を共有する運命共同体であるという認識とともに、地球の上に暮らす人類全体も社会としてとらえられるようになりました。

人はそれぞれ、ちがった好みや考えがあります。一つところで暮らすと、さまざまな人間関係が生まれますが、争いごとを解決して、良好な協力関係をつくっていかないと、社会はうまく発展しません。そのためには、みんなに共通することがらについての判断・決定が必要になり、約束事やしくみをつくらなければなりません。最初はかんたんなしくみだったのでしょうが、顔も知らない人が一つの国という社会に集い、地球全体が社会だと認識されるような現代では、多くのしくみが体系的に機能して私たちの暮らしを支えるようになりました。

おそらく原始の人類は、何組かの家族で構成される小規模な社会をつくり、顔見知りのあいだでの協力関係を軸に、話しあいを重ねてものごとを決めていたのでしょう。ときには、「神のお告げ」にしたがって決めることもあったと思われます。

農耕がはじまると、ほかの部族を攻めて、奴隷《どれい》にしたりするようになります。強い部族が弱い部族を支配するようになり、力で一方的に人を支配する古代王国が誕生したのです。人類は、王様が奴隷を支配する古代から、領主が領地・領民を支配する中世をへて、市民革命をきっかけに近代市民社会に移行し、いまでは民主主義が広くおこなわれるようになりました。

民主主義の時代になっても、強制力で人をしたがわせるしくみは残っています。犯罪をおかせば、無理矢理にでも牢屋《ろうや》に入れられます。おたがいに顔も知らない人たちが、国というまとまりをつくるためには、憲法を頂点とする法を守るとともに、守るように強制する必要があるからです。このように、強制力によって人をしたがわせ社会をまとめていくしくみを「政治システム」とよびましょう。

一方、原始の時代とはようすは変わりましたが、家族や同じ地域に住む人たちが、助

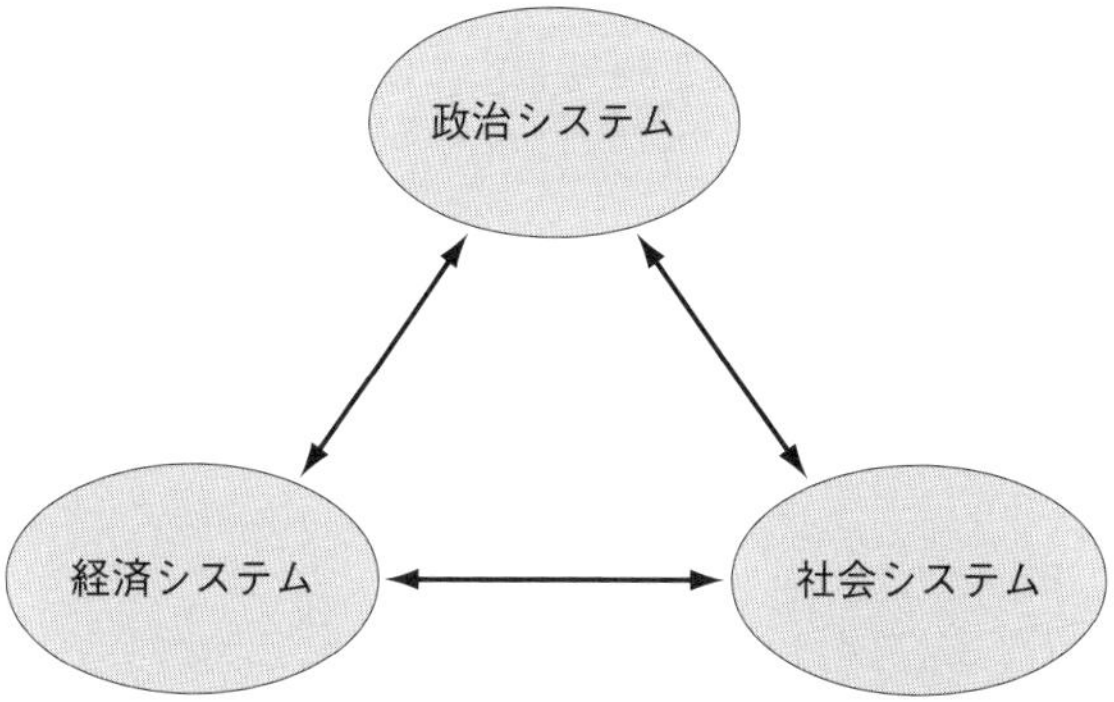

図１　私たちの社会を支える３つのシステム（神野直彦『人間回復の経済学』岩波新書を参考に作成）

けあい、協力しあい、話しあって地域的な決まりをつくったり、それをおたがいが守るようにしたりといったことも、おこなわれています。このように、自発的な協力によって比較的小さな社会をまとめていくしくみを「社会システム」とよびましょう。

私たちの社会には、もう一つ、とても便利なしくみができています。いまは、お金を出せばなんでも買える便利な時代です。少し考えてみると、私たちの使っている鉛筆一本にしても、自分ではつくれません。自分でつくっていないもの、自分ではつくれないものをたくさん使って、私たちの暮らしが成り立っています。

みなさんはまだ何も生産していないでしょうが、みなさんの家族は働いている、つまり何かを生産していると思います。生産したものは誰かが買って、生産した人は賃金をもらいます。そのようにして得たお金で、こんどは誰かが生産したものを買って暮らしを成り立たせています。このように、お金を媒介《ばいかい》にして、社会全体で分業しながら必要な財やサービスを生み出していくしくみを「経済システム」とよびましょう。

私たちの暮らしは、政治システム、社会システム、経済システムによって支えられているのです(図1)。

行政サービスとは何だろう

では、あらためて行政サービスとは、何かを考えてみましょう。

私たちは、暮らしに必要な財やサービスは、お金を出して買っています。つまり、主に経済システムによって調達していることになります。

経済システムはとても便利なのですが、困ったところもあります。財やサービスは、お金と引きかえに提供されますから、お金が十分にない場合は、必要なものも買えません。お金がなくて赤ちゃんの粉ミルクも買えないとしたら、どうすればよいのでしょうか。

生産者は、なるべくもうかるものをつくってたくさんお金をもうけようとしますから、あまりもうからないものは、みんなが必要としていても、生産されないことがあります。過疎地《かそち》(農林水産業の不振などによって人口が急激に減った地域)では、乗る人が少なくなってもうからなくなったために、バス会社はバスを走らせなくなっていきました。バスが走らないと、車や免許をもたない人は、病院や買物にも行けなくなりました。また、道路のように、利用者からお金をとるのが難しいものは、誰もが必要としていても、経済システムでは誰もつくりたがりません。

みんなが必要とするものは、必要な人みんなが入手できたほうがいいとは思いませんか。

現代の政治システムは、人を強制力でしたがわせようとするだけでは、うまく社会をまとめることができなくなっています。なにしろ民主主義なのですから、人々の必要(ニーズ)が満たされるようにすることによって、社会をまとめていく必要があるのです。そのために政治システムが提供している財やサービスが、「行政サービス」です。何らかの事情で必要なものを買うお金がない人には、国が生活保護制度を用意しています。バスは暮らしになくてはならないので、過疎地では市町村が、行政サービスとしてバスを走らせています。道路のネットワークは、国、都道府県、市町村が整備しています。

大きくなった社会は、利害が対立してバラバラになりやすいので、それを一つにまとめることが政治システムの基本的な役割になります。秩序を守って安全・安心を提供することのできない政府には、やがて誰もしたがわなくなっていき、それぞれの個人や集団は、実力によって自らを守ろうとして、社会はバラバラになっていきます。日本の戦国時代は、そのような自力救済の時代でした。

その観点からは、政治システムがおこなうさまざまな規制も、一種の行政サービスとしてとらえることができます。国は、道路は右側を歩きなさいとか、赤信号で交差点を渡ってはいけませんとか、さまざまな規制をかけます。それは、交通秩序を守って、安全な通行を国民に提供しているのです。

経済学では、生産と同時に消費されるようなものを「サービス」、モノとして残るようなものを「財」とよんで区別していますが、行政が提供する場合は、まとめて行政サービスとよびます。財を提供するといっても、行政が提供する場合はふつう、市場経済で提供する場合のように所有権を移転しません。市民体育館をつかって練習するように、一時的に利用するだけですから、これもサービスと認識されているのです。

行政サービスにも、給付《きゅうふ》行政といって、所得の低い人を援助したり、社会に望ましい活動に補助をしたりすることがあります。この場合も、ふつうは、サービスの現物給付か、お金を配る金銭給付で、必要な財を現物支給することは例外的です。

行政サービスは三層の政府が提供している

行政サービスは、社会全体でおこなう共同事業の性質をもっています。行政サービスは、必要な人には誰にでも届けなければならないので、タダか安い料金で提供されなければなりません。生産・提供のために必要な費用は、別に税金でまかなわれます。税金は、払いたくなくても強制的に徴収《ちょうしゅう》されます。このようなことは、強制力をもつ政治システムだけができることです。

政治システムをになう組織を「政府」とよびますから、行政サービスは、政府が提供する財やサービスであるといえましょう。

政府は、どんな事業をどのような負担によって実施するのかを、図2のように民主主義で決めます。

まず、どんな行政サービスを提供するか、そのための費用をどのように負担するかの

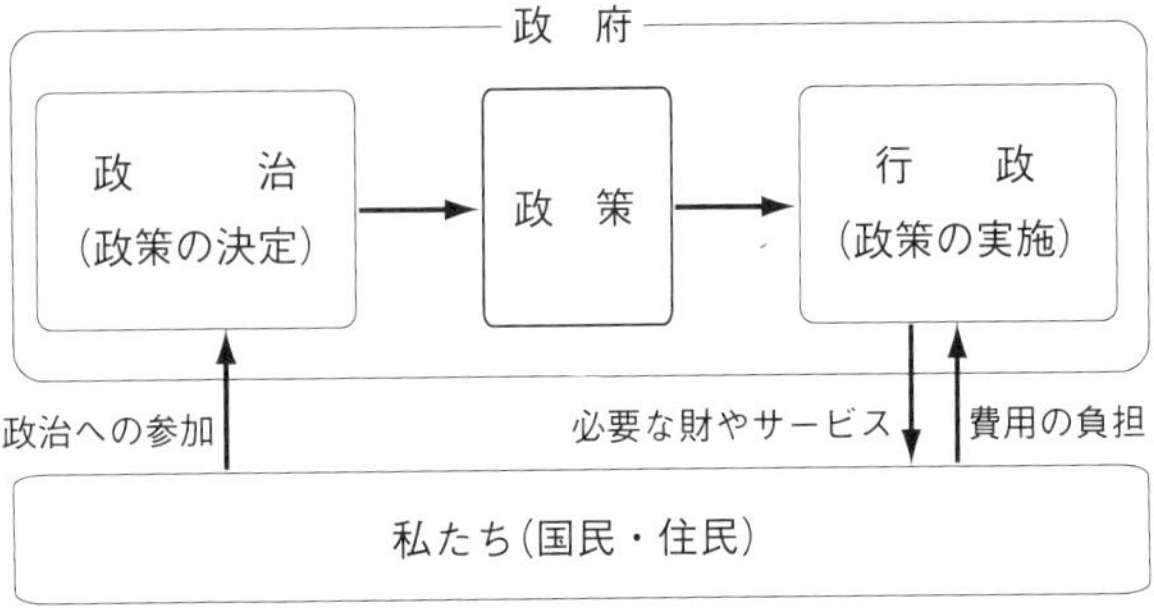

図2　公共政策の決定と実施

決定、あるいはその決定内容を「政策」とよびましょう。民主主義では、政策は、みんなが参加して決めるのですが、その決定過程または決定機能を「政治」とよびましょう。つぎに、決定された政策の実施、つまり、行政サービスを提供し、負担を徴収する過程または機能を「行政」とよびましょう。この政治と行政の機能をはたしている組織が「政府」です。

政策は、私たちみんなが参加して決めます。決まった政策にしたがって、行政サービスが提供され、その費用はみんなが公平に負担します。

ここで注意してほしいのは、いわゆる政治家がおこなうことが政治で、いわゆる官僚がおこなうことが行政だという意味ではないことです。現実には、政治家がサービス提供にかかわることもありますし、官僚が政策を立案することもあるのです。

人々の必要が満たされるようにすることが政府の任務ですから、ここでは二つの原則がはたらいています。一つは、行政サービスは、必要な人みんなに提供されなければならないということ、そしてもう一つは、サービスのための費用は、みんなで公平に負担しなければならないということです。

図2にあげたようなしくみは、国全体のほかに、都道府県単位と市町村単位にできています。国の政府は日本全体で機能していますが、都道府県や市町村は地域をかぎって機能しているので、国を「中央政府」とよぶのに対して、都道府県や市町村は「地方政府」とよばれます。つまり、私たちの政府は、中央政府、広域的な地方政府、基礎的な地方政府の三層になっています。

国全体のことは国の政府で決めて実施しますが、地域的なことがらについては、地方政府が決めて実施します。このように、地域的なことがらを地域で決めて、地域でおこなうことを「地方自治」とよぶのです。地方自治とは、地域的な政治システムのことです。

第2章
どうして地方自治があるのだろうか

地方自治は憲法が保障している

日本国憲法は、「地方自治」という章を設け、第九二条から第九五条まで四ヵ条を定めて、地方自治を保障《ほしょう》しています。保障とは、侵《おか》されたり損《そこ》なわれたりしないように守ることです(『広辞苑』第六版)。憲法は、中央政府などによって地方自治が侵されることのないよう守っているのです。

日本が第二次世界大戦に負けて、軍国主義的な政治から民主的な政治に変わるときに、新しい憲法の制定と並行して、新しい地方自治制度がつくられました。憲法の規定を受けて、地方自治制度の枠組みを決めている法律が地方自治法で、憲法と同日の一九四七年五月三日から施行されました。どのような国をつくるのかを考えるとき、どのような地方自治制度にするかが重要なことがらであることをよくあらわしています。

憲法は、地方自治の主体を、「地方公共団体」とよんでいます。行政法学者の兼子仁《かねこまさし》先生によると、この地方公共団体というよび方は、戦前、国に統治される特別行政団体のなかの「地方団体」をよんできたものであるから、憲法の保障する地方自治の主体の呼称にふさわしくないとのことです。そのようなこともあって、法律用語として以外は、「地方自治体」とか、たんに「自治体」とかよぶのがふつうになっています。

この本では、兼子先生のすすめにしたがって、自治体とよびましょう。市町村は、住民にもっとも身近な自治体であるという意味で「基礎自治体」、都道府県は、より広い地域に責任をもつという意味で「広域自治体」とよばれます。東京都の二三区は、法律上「特別地方公共団体」である「特別区」とされていますが、基礎自治体です。基礎自治体をまとめて市区町村とよぶことがありますが、大阪市や名古屋市などの「区」は、基礎自治体である「市」のなかの行政区画で、これには含まれません。

二〇一五年四月一日現在、市町村は一七一八あります。これに東京二三区と四七都道府県を加えて、自治体の数は一七八八ということになります。

憲法第九二条は、地方自治についての国の決まりは「法律」で定めなければならないとしています。法律は、国会の議決によって成立する法規ですから、内閣や省庁が決めることができないことを意味しています。また、たとえ法律であっても、その内容は「地方自治の本旨《ほんし》」にもとづかなければならないとしています。

「地方自治の本旨」とは、地方自治本来のあり方という意味です。地域の政治・行政は、住民の意思にもとづいておこなわれるべきであるという「住民自治」と、国から独立した自治体によっておこなわれるべきであるという「団体自治」の、二つの面が同時に満たされなければならないと解されています。言いかえれば、国の官庁が地方自治に介入したり、国会であっても、地方自治を踏みにじるような法律はできないように、憲法が守っているのです。

憲法第九四条は、自治体にたいへん広い範囲の権限を与えています。法律の範囲内であればその地域の法をつくることができますし、公権力の行使もできます。自治体は、住民みんなの意思にもとづいて住民の幸せのためにおこなうのであれば、憲法上はほとんどなんでもできます。ただし、国の法律に反することはできません。

憲法が地方自治を守っているということは、とても大切なことです。憲法は、国民主権を定めていますが、具体的な統治は、国会、内閣、裁判所からなる中央政府に託されています。それと並行して、自治体に地域的な統治権を与えているのですから、地方自治は、中央政府によって承認されるようなものではなくて、憲法が自治体固有の権利として認めていることになるからです。

地方自治が、自治体固有の権利なのか(固有権説)、国の主権に由来するのか(伝来説)

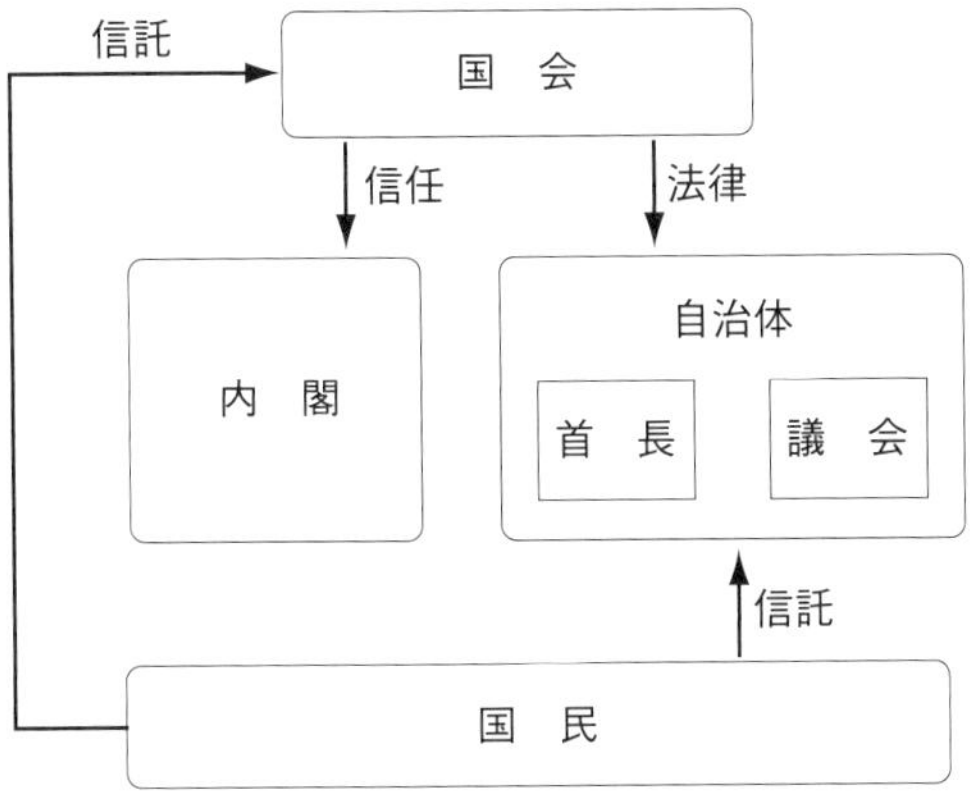

図３　国民と国会・内閣・自治体の関係

については、古くから行政法学上の論争がありましたが、憲法の認める自治体固有の権利であるとする兼子仁先生の「新固有権説」が、地方自治の正しい理解につながるものと思われます。行政学者の竹下譲《ゆずる》先生は、内閣以下の中央省庁と自治体は「対等の関係」にあるというのが憲法の趣旨だとして、国会と内閣と自治体の関係を図３のように整理しています。

このように憲法によってたいへん強い自治権を与えられ、本書のはじめにしめしたように、仕事の範囲も広い地方自治制度は、国際的にもめずらしいのですが、現実は自治体が中央政府の強い統制下におかれているために、地方分権（中央政府からの自律を強めること）をすすめることが日本の課題になっています。

行政サービスの効率のために地方自治が必要

憲法がこのように手厚く地方自治を保障しているからには、その理由があるはずです。なぜ地方自治が必要なのかについては、三つの観点から説明することができます。

一つは行政サービスの効率の観点から、二つめは民主主義の観点から、そして三つめには地域独自の政治システムの必要性の観点からです。

行政サービスは、効率的に提供されなければなりません。その費用は税金でまかなわれているのですから、サービスの提供が非効率だと、税金が高くなりすぎたり、必要なサービスが思うように提供できなくなったりします。

市場という経済システムをつうじて提供される民間サービスの場合は、競争がはたらいていますから、割高なサービスは誰も買わなくなります。非効率なサービスを提供しているような企業はもうからなくなり、やがて事業からは撤退《てったい》していきますから、効率的にサービスを提供できる企業だけが生き残るものと考えられています。

それに対して、行政サービスの場合には、必要な人には誰にでも届けられ、その費用は税金でまかなわれているので、利用者は、どれだけ費用がかかっているかには無関心ですし、質の低いサービスであっても、タダだから、安い料金だからと、がまんしてしまうのです。ですから、行政サービスは、つねに効率を心がける必要があるのです。

ところで、この「効率」とはどのような意味なのでしょうか。行政の効率は、一般につぎの三つで説明されます。

一つは、できるだけ費用を節約することで、「経済性」といいます。これだけでは、お金をけちっただけとのちがいはわかりません。そこで、少ない費用でどれだけ多くのサービスを生産したかを評価する必要があります。これを狭い意味での「効率性」とよびます。もう一つ、生産されたサービスが住民の暮らしに役立ったかどうかという観点から、行政の活動がどれだけ地域問題の解決や住民生活の向上につながったのかを評価するのが「有効性」です。広い意味での効率は、この三つの観点から評価されます。

三重県松阪市《まつさか》にある県立飯南《いいなん》高校には、高大連携《れんけい》授業として「社会科学入門」という科目があります。大学の先生が二限の講義をして、つぎの週には高校の先生が指導してレポートを書くという授業です。私の授業では、行政サービスを国がおこなう場合と自治体がおこなう場合をくらべてみるという課題を出しましたが、飯南高校生(二〇〇八年度の二年生)は、行政効率の観点では、つぎのように考えました。

地域の実情の把握という面から比較すると、自治体は地域の実情をよく知っているのに対して、国は地域の実情を把握することが難しい。サービスのやり方については、国は全国で同じようにしなければならないという制約があるのに対して、自治体は地域の利用者にあわせたサービスができる。このことから、国は全国一律のサービスが得意で、自治体は地域の実情にあわせたサービスが得意だと考えたのです。そして、日本を住みよい国にするには、自治体のサービス、国のサービスそれぞれのよさを生かすべきであり、全国で同じようにすることがよいサービスは国がおこない、それ以外のものは、自治体がおこなうのが効率的だと結論づけたのです。

私は、高校生が考えたことはそのとおりだと思います。とくに現代は、保育サービス、教育サービス、ゴミ処理サービス、介護サービスなど、行政サービスのほとんどが地域の実情にあわせておこなわなければならなくなっています。行政サービスの効率の観点からは、地域のことは、地域の実情にあわせて地域でおこなうほうが効率的であると考えられます。

もっとも、効率的なサービス提供は重要ではありますが、地方自治を守らなければならない理由としては副次的なものではないでしょうか。

地方自治は民主主義の学校

「地方自治は民主主義の最良の学校である」とは、一九世紀イギリスの政治学者で政治家でもあるジェームズ・ブライスの言葉です。では、民主主義とは、そもそもどのような意味でしょうか。

民主主義とは、デモクラシーの訳語です。デモクラシーという言葉は、古代ギリシアで生まれました。一人が支配する「君主制」、少数が支配する「貴族制」に対して、多数が支配する政治体制をデモクラティアとよんでいました。古代ギリシアは多くの都市国家で構成されていましたが、デモクラティアで有名なのはアテネで、自由民の成人男子全員が政治に参加していました。現代の民主主義とはちがって、奴隷や女性は政治に参加できず、政治に参加できるのは人口の一割くらいに過ぎませんでした。アテネのデモクラティアは、民衆が政治をとおして自己利益を求めるようになり、それを政治家があおるようになってやがて滅んでいきました。デモクラティアは衆愚《しゅうぐ》政治だとされ、その評価はかんばしいものではありませんでした。

近代になって、自由・平等・博愛を旗印にした市民革命がおこると、デモクラシーという言葉はふたたびよみがえり、平等な政治参加を求める思想がこの名でよばれるようになりました。市民革命は、自由を重視する自由主義、政治参加の平等を主張する民主主義、経済的な平等を求める社会主義、という三つの思想を生みました。そのうち、近代市民社会のはじまりでは、当時勢いをもって革命を主導した商工業者層を中心に自由主義の思想が優勢で、財産と教養のある者による共和制の政治がはじまりました。教養のない貧乏人は正しい判断ができないとして政治から排除され、また、政治はすぐれた資質の人にまかせるのがよいと考えられていたので、一定額以上の納税者だけが投票できる制限選挙によって代表を選び、政治がまかされました。

しかし、やがて、労働者たちの政治参加の要求を押さえきれずに普通選挙が普及してゆき、これにつれて民主主義が実現してきました。二度の世界大戦をへたのちには、民主主義を否定する意見はなくなり、今日では、あまり民主的でない政治体制さえも民主主義を自称するほどになったのです。

では、現代において民主主義とは、どのような意味なのでしょうか。『日本大百科全書』で田中浩先生は、「人民多数の意志が政治を決定することをよしとする思想や、それを保障する政治制度あるいは政治運営の方式」のことだと説明してあります。

一つには、誰もが平等に政治に参加し、みんなの意思を反映して政治をおこなうのがよいことだという思想をいいます。これは一種の理想を語ったものですが、現実には、そのような理想を実現しようとしている政治体制(民主政)のことも、民主主義を実現するために設計された具体的な政治制度(民主制)のことも、民主主義とよびます。

民主主義はさまざまに説明されます。財政学者の神野直彦《じんのなおひこ》先生は、「民主主義の「民」は「統治されるもの」という意味であり、「主」は「統治するもの」という意味ですから、民主主義は「統治されるもの」が「統治するもの」になることを意味」すると言っています。また、アメリカのリンカーン大統領が演説で述べた「人民の人民による人民のための政治」は、民主主義の政治を表現したものとして有名です。

民主主義と地方自治の関係を考えるうえで興味深いのは、政治学者の小林良彰《よしあき》先生が、「「民主主義」とは、自分たちで自分たちのことを決める方式である」と言っていることです。とすれば、地域的なことがらは、地域で決めなければ、自分たちで決めたことにはなりませんから、地方自治が認められていない政治制度は、およそ民主主義とはいえないことになります。

民主主義は、比較的狭い区域のほうが実践しやすいということもあります。ブライスは、小地域における自治が民主主義を生み、それに必要な能力の形成を助けてきたと言っています。地方自治が民主主義の学校であるとは、人は身近な共同の問題には関心をもちやすいので、地方自治をつうじて公共的精神を養成するとともに、他者と協力して問題を解決することを学ぶということです。それが正しいことは、農村で地方自治が発達しているスイスやアメリカ合衆国で民主主義がうまくいっていることがしめしているとも言っています。

地域的なことがらについて地域で民主的に決めることができないのに、全国的には民主主義が実現しているというのは、とてもありえないことなのです。それぞれの地域で民主的に課題解決がされていれば、それを積み上げて、全国的な課題についても民主的に解決できるのではないでしょうか。

地域独自の政治システム

民主主義である以上、地方自治が大切にされなければならないということは、きわめて重要なことです。私は、そのほかにもう一つ、地方自治を守らねばならない重要な理由があると思っています。

私は三重県立看護大学で行政学の授業を担当しています。そこでは各授業の終わりに、振り返りの短いレポートを提出してもらっています。ある学生は、地域には国が把握しきれない独自の課題があって、そのような地域独自の課題は国ではとりあげられないのだ、と指摘しました。たしかに、地域独自の課題があるとすれば、それは地域で取り組むほかありません。そのためには、地域の政治システムが必要になります。

ところで、これまで「地域」という言葉を多用してきましたが、どのような意味なのでしょうか。「地域」とは、空間的な概念で、全体に対して部分をあらわす言葉です。この本では、私たちが自らの暮らしの場として認識する広がりを、日本全体の一部として「地域」とよんでいます。

現代人の暮らしは、昔とくらべて複雑になっています。みなさんの中には、電車などの公共交通機関を利用して遠方まで通学している人もいるでしょう。過疎地などでは、学校統合によって、スクールバスで一時間もかけて通学している小学生もいます。通勤・通学・買い物のエリアはずいぶん広がる一方で、地域的なつきあいの場はかぎられてきており、住宅団地などではお隣の顔も知らなかったりします。現代では、「暮らしの場」として認識する範囲が場合によって広かったり狭かったりして一定しませんが、しかしもともとの私たちの暮らしは、一定の広がりのなかで、人々が協力しあって、生産と生活を一体として営んできました。

生産とは、人間が共同して自然にはたらきかけて有用物を得ることをいいますが、地域の自然条件に応じて、それぞれの生産のしかたが生まれてきます。和紙は、コウゾ、ミツマタなどのとれる水のきれいな山間地でつくられてきました。寒天《かんてん》や凍豆腐《しみどうふ》は、寒冷な気候を生かしてつくられます。平野部ではどこまでも水田が広がっている風景が見られますが、中山間地域では棚田《たなだ》が多く見られます。また、暮らしのしかたも、温暖な地域と雪国ではちがいがあります。

生産のしかたが生活のしかたに影響を与え、生活のしかたが生産のしかたに影響を与えて、それぞれの地域は、独自の生産の様式と生活の様式をもつようになりました。つい数十年前までは、峠一つ越えただけで、暮らしぶりもちがえば、盆踊りなどもちがい、言葉も少しちがいました。地域は、自然・経済・文化において独自性をもつようになり（図4）、地域性におうじた社会組織が形成されてきたのです。地域は、その社会組織によって、中央政府からの干渉を受けないで地域的な決定をする領域を守ってきました。

歴史をさかのぼってみると、中央政府はつねに広域的な統合をはかろうとしてきたの

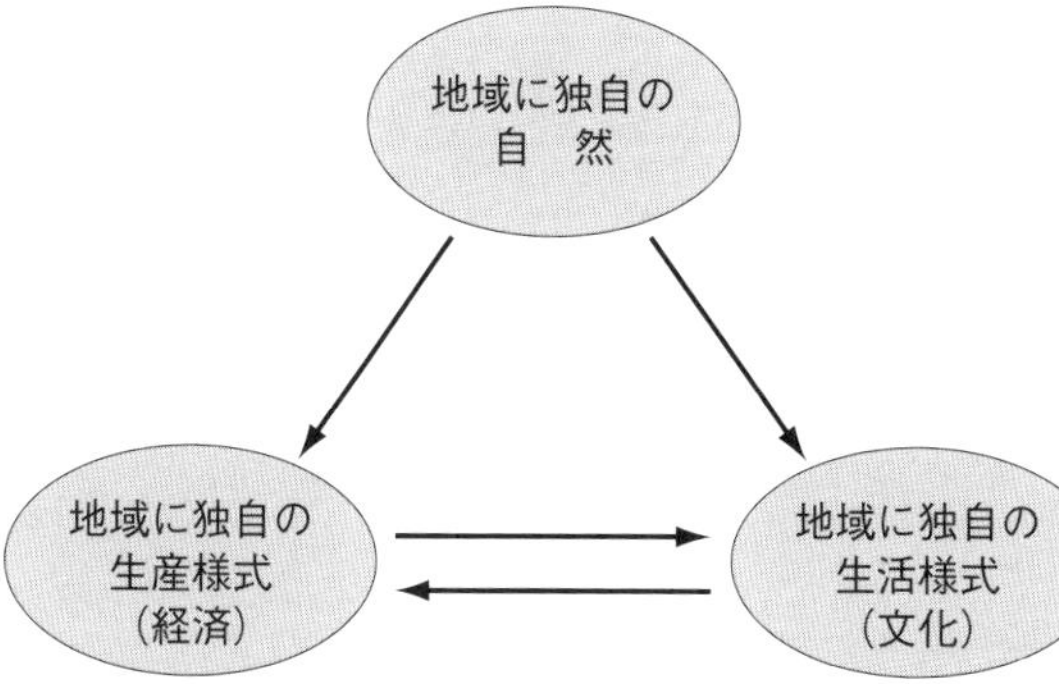

図４　地域の独自性(矢印は影響をおよぼす向きをしめす。各地域は、自然・経済・文化において、他の地域から区別される独自性をもつ)

に対して、地域の側は、その支配に抵抗して自治を守ってきました。江戸時代には、武士は農村には住んでおらず、城下町に集住していました。幕府や藩は、農民に選ばれた代表を村役人に任命し、むらの自治をとおして農民を支配しました。年貢は、むらがまとめて納め、各戸の負担は村寄合《むらよりあい》で決められましたし、幕府や藩のお触《ふ》れは、むらの自治をつうじて徹底されたのです。

こういったことは、農山漁村だけにあてはまることではありません。江戸時代には、城下町でもまちごとに町人の自治組織がつくられ、それをとおして統治されていたのです。都市でも、農山漁村でも、人々は暮らしを共有し地域につながりをもって生きてきたのです。

江戸時代には、城下町はいくつかの「町」に区分され、そこに住むのは町人でした。城下町以外は、「村」に区分され、そこに住むのは百姓でした。このようなちがいはあっても、自治の組織を利用して支配しようとしたことは同様です。この本では、明治になってからの町村と区別するために、江戸時代の町・村とそれを引き継いだ集落は、「まち」「むら」とひらがなで書くことにしました。

このことは、地域には本来、共同で取り組まなければならない地域の課題があることを意味しています。地域社会が成り立つためには、地域の共同体を支える独自の政治システムが必要なのです。

いま、町なかを見てみると、商店街が活気をなくして「シャッター街」などといわれるようになっています。一方、農山漁村では「限界集落」などといわれるように、農林水産業の衰退と深刻な人口流出によって、集落消滅の危機にさらされています。

このような課題は、全国的におこっていることであり、国が対策を立てなければならないことはもちろんです。しかし一方で、そこに古くから人が住み、そこにしかない暮らしを営んできたまちやむらでおこっていることであり、きわめて地域的な課題です。

国でできるのは、共通の根っこの部分の解決であり、具体の問題を具体的にどのように解決するのかについては、地域的に決定し、地域的に取り組まなければなりません。

哲学者の桑子《くわこ》敏雄《としお》先生は、「わたし」とは、デカルトが「わたしは考える、ゆえにわたしは存在する」と言ったような実体としての独立な存在ではなく、身体がこの身体を含む空間と関係する方式であり、関係的な存在であると主張しています。

したがって、どのような空間で生きているかは自己の一部であり、人生の豊かさは生きている空間の豊かさに依存するのです。とすれば、私たちが生まれ、育ってきた地域の空間はかけがえのないもので、その豊かさを守り、充実させて次世代に引き継がねばなりません。地域の自然・経済・文化はかけがえのないものであり、それを守ってきた社会組織もまた、大切にしなければならないものだと思います。

英語の統治という言葉(govern が動詞、名詞では government, governance)は、「舵《かじ》を取る」という意味のギリシア語が語源になっています。つまり、統治とは、その共同体の方向を決めるという意味があるのです。ですから、地域的な統治機関である自治体は、必要な行政サービスを提供するという役割に加えて、民主的な議論をとおして地域の方向を決めるという役割があるのです。地域の人たちが議論をして、地域の問題に一定の方向を出すために、地方自治があるのだ、と私は考えます。

どのような行政サービスをどのような負担で提供するのかということと、私たちの社会がどのような方向をめざすのかということとは、密接に関係しています。先に述べた「政策」を、社会の方向を決めるという統治の役割を加味して定義しなおしてみると、「どのような社会をめざすのかと、どのような行政サービスをどのような負担で提供するかをセットで決定すること、またはその内容」、ということになりましょう。ただし、どのような社会をめざすのかについてはほとんど議論されていないのが、現実の日本の政治です。

地域に住む人たちが主体となって、地域的な課題を解決し、住みよい地域にする取り組みは、「地域づくり」とよばれます。言いかえれば、地域づくりとは、地域が大切にしてきた暮らしを守り、さらに豊かにして次世代に引き継いでいくための取り組みであり、それを可能にするためには地方自治が不可欠なのです。

地方自治には、それぞれの地域の地域づくりの方向を決め、それを行政施策の面から応援するという役割があるのです。民主主義の学校というのも、このような意味での健全な地方自治が育ってこそ、国の民主主義も成り立つのだと解釈するべきでしょう。

第3章

住民が地方自治の主権者

自治体は地域の「ミニ国家」

自治体は、①区域、②住民、③自治権という三つの要素で構成されています。区域とは、自治体の空間的な構成要素であり、自治権のおよぶ範囲です。市町村の区域は、地方自治法によって「従来の区域による」とされていますが、これは、江戸時代のまち・むらの区域を引き継いだ市町村が合併をくりかえして、現在の市町村の区域になっていることを意味しています。市町村の境界が「争論《そうろん》」になると、江戸時代のむらの境界がどう定められていたのか、たとえば「〇〇川の中央である」などと記した古文《こもん》書《じょ》を探すことになります。

三重県と愛知県の県境付近で、国営の干拓事業がおこなわれたことがありました。当時の農林省は、三重県の要請《ようせい》で三重県沖を干拓したもので、干拓地全域を三重県に組み入れる計画でしたが、干拓された土地の一部が愛知県に属するとの主張で、県境についての争論になりました。

愛知県は、「干拓補償を受けた字《あざ》名の一部が尾張《おわり》の国に属する」と主張し、三重県は昔の地形図などから「干拓地は伊勢の国に属していた」と主張しました。ところが、決め手になるほどの古文書は出てきませんでした。ながらく県境が宙ぶらりんになったのち、最後は、両県の話しあいで決着したのでした。

住民とは、自治体の人的な構成要素で、自治体の権利・義務の主体であり、主権者です。地方自治法は、その市町村に住む人がその住民であるとしています。都道府県は、いくつかの市町村で構成されているので、構成市町村の住民が都道府県の住民であり、構成市町村の区域をあわせたものが都道府県の区域です。

自治権は、自治体の法制度的構成要素です。憲法第九四条は「自治体は、財産を管理する権能、事務を処理する権能、行政を執行する権能をもち、法律の範囲内で条例を制定することができる」と、広範で強力な自治権を保障しています。

「行政を執行する権能」とは、この本で定義した行政の意味とはちがって、公権力を行使して住民に義務を課し、権利を制限するような行政活動だと解釈されています。

「条例」とは、地域的な立法のことです。住民に義務を課し、権利を制限する根拠となり、罰則を定めることもできます。もっとも、憲法は「すべて司法権は、裁判所に属する」と規定していますから、じっさいの処罰は裁判所が決めます。自治体は、憲法によって保障された自治権として、自治行政権と自治立法権をもっているということです。

このように、自治体が区域、住民、自治権を構成要素としていることは、近代国家の構成要素が領土、国民、主権の三つとされていることと似ているのに気がつきます。自治体は、国土の一部をその区域とし、国民の一部をその住民とし、主権と類似の地域的な統治権をもつわけですから、国家のなかにある統治主体であることは明らかです。行政法学者の兼子仁先生は、自治行政権と自治立法権をもっている自治体は、地域統治権を憲法で保障された「ミニ国家」だと言っています。

つまり、江戸時代から引き継いできた区域を、そこに住んでいる人たち(住民)が、住民を代表する地方政府をつうじて、国の法律に反しないかぎりで、統治しているのです。したがって、地方自治とは、一定の区域に住む人たちが、その区域を自らが統治することだといえるでしょう。

住民かどうかは居住の事実によって決まる

地方自治法は、「市町村の区域内に住所を有する者」が、その市町村の住民であり、それを包括する都道府県の住民であると定めています。民法は、「各人の生活の本拠をその者の住所とする」と定めており、この規定が地方自治法の住所の解釈にも適用されます。「生活の本拠」とは、その人の生活の中心となっている場所のことです。私たちは、生活の中心としている市町村と、それを含む都道府県の住民になるということです。

市町村には、「住民基本台帳」が備えつけられます。住民基本台帳は、住民の氏名や生年月日などが記録された「住民票」を世帯ごとに編成してつくられます。住民基本台帳への記録が、いわゆる「住民登録」で、原則として転入届、転出届など住民の届出にもとづきおこなわれますが、場合によっては職権でおこなわれることもあります。

住所のある市町村と、住民登録されている市町村とは、本来一致しているはずなのですが、届出をおこたるなどすると、一致しないことがあります。この場合、住民登録があるという形式では、その市町村の住民とはなりません。生活の中心となっている市町村、つまりじっさいに住んでいる市町村の住民になります。

現代は生活実態も複雑になっているので、複数の場所が生活にかかわることもありますが、住所は、そのうちもっとも関係の深い一ヵ所にかぎられるものと解釈されています。どこに住所があるのかは生活実態を総合して判断されるのですが、郵便物がその住所あてで届くかどうかとか、どこで寝起きしているかなどが有力な判断材料になります。

住民登録をもとに選挙人名簿がつくられるという制度になっていることもあって、住所がどこにあるのかについては、選挙をめぐって裁判で争われることがあります。選挙をめぐってしめされた裁判所の判断(判例)は、住民かどうかの判断の基準になります。

みなさんにもかかわりの深い判例は、下宿や寮に入っている大学生の住所が、親元、修学先のいずれにあるかということについてのものでしょう。一九五四年の最高裁判所の判決なので、ずいぶん昔のものですが、修学のために寄宿舎《きしゅくしゃ》で生活していた学生たちが、選挙人名簿に登録されていないことを不服として訴えた事件で、「住所は寄宿舎にある」という判断が下されました。修学のために下宿している学生については、週末ごとに帰省しているなど特別な場合をのぞいて、親元ではなく修学先に住所があることで決着したといっていいでしょう。

日本の選挙制度では、引きつづき三ヵ月以上住民基本台帳に記録されている者を選挙人名簿に登録することになっています。選挙人名簿に正しく登録されていないと投票できないので、ほんとうの住所と住民基本台帳の記録がちがっていると、国政の選挙もふくめて選挙権の行使ができなくなってしまいます。ほんとうの住所が下宿にあるのに親元に住民登録したままにすると、親元では住所がない無効な登録ということで投票できず、修学先では登録がないので投票できないことになってしまいます。

私たちの町には、外国人も住んでいます。日本国籍をもっていない人も、その市町村に住んでいれば、その自治体の住民です。短期滞在をのぞいて、外国人であっても、住民基本台帳に記録されることになっています。あとで述べるように、外国籍の住民は、住民としての権利が制限されています。とくに日本国籍の住民だけをさすときには、「日本国民たる住民」といいます。

現代の社会では、個人だけではなく、いろいろな会社や団体も活動しています。それらの会社や団体は、一定の条件のもとで、法律上の権利・義務をもつことが認められています。たとえば、いろいろな買い物をしても、その相手方が会社の場合が多くなっていますが、お金を受け取ったり商品を引き渡したりするのは、社員が個人としておこなっているのではなく、会社にかわってしているのです。

そのように、生身の人間ではないのに法律上は権利・義務をもつことのできる主体を「法人《ほうじん》」とよびます。それと区別するときに、本来の人は「自然人」といいます。地域社会のなかで活動する法人は、地域社会の一員でもあります。そこで、主たる事務所の所在地がその市町村にある法人は、住民とされています。市町村の区域内に住んでいる

- 住民
  - 自然人（その市町村に住所のある人）
    - 日本国民たる住民
    - 外国籍住民
  - 法人（その市町村に主たる事務所の所在地をおく法人）

図5　住民

外国人も住民ですし、市町村の区域内に主たる事務所をおく法人も住民なのです(図5)。

住民の権利と義務

住民は、地方自治法その他の法律によって、地域の政治に参加する権利、自治体から平等にサービスを受ける権利、そしてサービスのために必要な費用を分担する義務があるとされています。これは、先に述べたところ(二一ページ)と一致しており、法律の用語にしたがって図2を書きかえると、図6になります。

住民は、地方自治の主権者として、その自治体の政治に参加する権利(参政権)があります。地方自治法は、日本国民たる住民は、その自治体の「選挙に参与する権利」があるとしており、私たちにかわって地方の政治システムを運営する代表を選ぶ権利(選挙権)、住民の代表に立候補する権利(被選挙権)があります。

具体的には、公職選挙法の規定によって、二〇歳以上(二〇一六

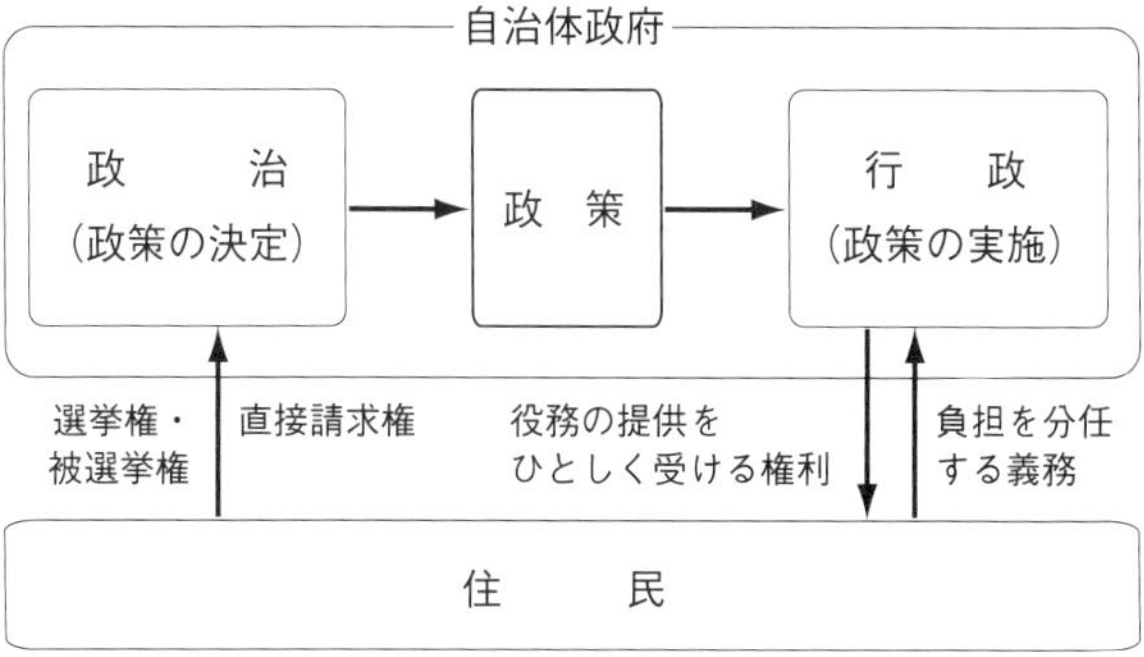

図６　住民の権利・義務

年六月一九日から一八歳以上に引き下げられます）で、引きつづき三ヵ月以上市町村の区域内に住所をもつ者が、その属する自治体の議会の議員と長の選挙権をもっています。自治体議会の議員に立候補するには、二五歳以上で、その自治体の選挙権をもっていなければなりません。つまり、三ヵ月以上その市町村に住んでいなければなりません。都道府県知事には三〇歳以上、市町村長には二五歳以上で立候補でき、住民以外からでも立候補できます。住民でなくても能力があれば、自治体の運営をまかせようという趣旨です。

地方自治法は、選挙以外の参政権として、一定の署名を集めて条例の制定や選ばれた代表を辞めさせることなどを要求する、直接請求権を認めています。これについては、あとでくわしく述べます。

地方自治法は、自治体は「住民の福祉の増進を図ることを基本として」、地域の行政をおこなう役割をになうものとしています。福祉とは幸福を意味しますから、行政サービスの提供をつうじて、住民が幸せになるための条件の整った地域社会にしていくことが自治体の仕事です。

また、地方自治法は、住民はその自治体の「役務《えきむ》の提供をひとしく受ける権利」をもっていると規定しています。「役務」とは、行政サービスのことです。自治体の行政サービスは、必要な人みんなが平等に提供を受ける権利があるのです。一方で、住民は、自治体の「負担を分任《ぶんにん》する義務を負う」とされています。行政サービスのための費用は、住民みんなで負担する義務があるということです。

外国籍住民の権利と義務

地方自治法は、住民は「法律の定めるところにより」、役務の提供をひとしく受ける権利をもち、負担を分任する義務を負うとしています。

法律の定めは、地方税などの負担については、日本国籍の有無にかかわりなく同様の負担を求めていますが、サービスを受ける権利については、法律によって外国籍住民には制限があることが多いのです。たとえば、小中学校の義務教育は、外国人は就学義務の対象外で、基礎的な教育が保障されていないという問題があります。各小中学校では幅広く外国人の子どもたちを受け入れていますし、日本語教室を開いたり、住民基本台帳の情報にもとづいて保護者に就学案内を通知するなど、教育委員会は外国人の子どもの就学機会の確保に努力していますが、教育を受ける権利は認められていないのです。

参政権については、「日本国民たる住民」にだけ認められています。外国籍の住民には参政権が認められていないのですが、日本人と同じように自治体に税を納めているので、地方参政権を認めるべきだという議論があります。

憲法の解釈としては、大きく三つの説があります。

一つは、憲法は公務員を選ぶのは国民に固有の権利としており、外国人に選挙権を与えることは地方レベルであっても禁止されているという「禁止説」、二つめとして、外国籍住民にも参政権を認めたほうがより地方自治の理念にあっているのだから、憲法が地方自治を保障した以上法律で地方参政権を与えることを禁止していないという「許容説」、そして、国民主権の原理にてらせば、形式的な国籍の有無にかかわらず領土内に住み実質的に国家の一員としてその支配に服する者が主権者であり、憲法は定住外国人にも参政権を認めるよう要請しているという「要請説」です。

これに対して、一九九五年に最高裁は、憲法が外国人に地方参政権を保障したものではないが、法律で地方参政権を認めることが憲法上禁止されているものではないと、許容説の立場で判決しました。

実務的には、外国籍住民の地方参政権は、国会が法律で決めることだということが明確になりました。現在政権を担当している自由民主党は、最高裁の判例にもかかわらず、二〇一〇年の参議院議員選挙のマニフェストで、「永住外国人に対して地方選挙の選挙権を付与する法案は憲法違反であり、反対します」と言いきっています。

民主党は、その結党時の基本政策で「政治に参加する機会を拡大するため、選挙権・被選挙権年齢の引き下げ、在外投票制度、定住外国人の地方参政権などを早期に実現する」と掲げていますが、選挙権年齢の引き下げや在外投票制度は実現したものの、定住外国人の地方参政権については実現していません。

二〇〇九年の衆議院議員総選挙では「民主党政策集「INDEX二〇〇九」」が公表され、「永住外国人の地方選挙権：民主党は結党時の「基本政策」に「定住外国人の地方参政権などを早期に実現する」と掲げており、この方針は今後とも引き続き維持していきます」と明記しています。この総選挙で民主党は政権をとりましたが、議論は深まらないままに、自由民主党に政権交代しました。

話は少しそれますが、田中宏先生の『在日外国人』(岩波新書)を読むと、日本政府がいかに外国人の人権に無関心なのかが、よくわかります。基本的人権は人類普遍《ふへん》の原理であり、日本国憲法もこの立場に立って、外国人の人権をできるだけ保障しようとしていると考えられます。外国人の人権保護に冷淡な政府は、人権尊重の観念自体が乏しいと受け取られてもしかたありません。私たちが同じ地域に住む外国人の人権に無関心でいれば、やがて日本人の人権も軽視されることにつながらないでしょうか。

私たちの地域には、多くの外国人が暮らしており、そのなかには日本で生まれて育った人たちもふくまれるという現実があります。一方で、国際化の進展にともなって、北欧諸国などでは外国人の地方参政権を認めるようになっています。私たちの地域づくりのなかで、外国籍住民との共生をどうとらえるか、その権利・義務をどのように守っていくのか、を真剣に考えるとともに、外国人の地方参政権の問題についても、もっと議論を深める必要があるでしょう。

さまざまな「住民」

法律上、自治体の住民かどうかは住所で決まりますが、現代の複雑な生活では、私たちは複数の自治体とかかわりをもつことになります。法律上の住民ではなくても、地域づくりには参加することが望ましく、地域の自治という観点からは、住所地以外でのかかわりも、地域社会の一員、広い意味での「住民」としてとらえる必要があります。

都市部では、周辺市町村から多数が通勤、通学で訪れ、昼間人口が夜間人口を上まわるという現象がみられます。昼間に生活をする都市でさまざまなサービスを受けますが、極端な場合は住んでいる市町村には寝に帰るだけといったこともあるようです。埼玉県に住所をもって東京に通勤する人たちを称して「埼玉都民」という言葉があるそうですが、住所地よりも勤務地に関係が深いという語感があります。とすれば、勤務地の地域づくりにも参加していいような気がします。

また逆に、勤務のある平日は便利な都会で暮らし、週末を農山漁村で過ごすといったライフスタイルも普及してきたようです。このような場合には、週末を過ごす農山漁村の地域づくりに参加することが望ましいのではないでしょうか。

都市部では、昔のまちがオフィスビル街などに変わってしまって、住む人が減り、祭りが維持できなくなっています。農村部では、若い人たちが出ていって人口が減り、祭りができなくなっています。オフィスで働く人がまちの祭りに参加したり、農村で休暇を過ごす人たちがむらの祭りに参加したりして、昔からの祭りを引き継いでいくことは、とてもよいことのように思いますが、いかがでしょうか。

農山漁村では働く場がないからと、ふるさとを離れて都会に出ていく人もたくさんいます。自分は住んでいないけれど、高齢になった親が住んでいる、お盆と正月には孫の顔を見せに帰省している、といった人は、日本では多数にのぼります。このような人たちは、親や親戚の暮らすふるさとには、たいへん大きな関心をもっていますし、農地や屋敷などの財産をもっていることも多いのです。

生まれ育ったふるさとが「限界集落」などと言われて荒れはてていくことは、望んでいないわけです。ふるさとに土地・家屋をもっている場合は、固定資産税という税を市町村に払っているので、行政サービスの費用を負担しているという意味では「住民」です。このような人たちにも、ぜひ地域づくりに参加してもらう必要があります。

「ふるさと納税」という言葉をよく聞くようになりました。二〇〇九年度に納める住民税からできた制度で、任意の自治体に寄付をすると、一定の限度で住所地に納める住民税が減額されるものです。住所地の住民税が減額されることによって、住所地以外に納税するのと同じような効果がでます。

この制度を担当する総務省によると、三つの意義があるそうです。一つは、納税者が寄付先を選択することをつうじて、税の使われ方を考えるきっかけになるとのことです。第二に、生まれ故郷や、お世話になった地域、これから応援したい地域の力になれる制度で、納税についてはどの自治体とかかわりをもつのかを選択できるということです。第三に、ふるさと納税をよびかけ、自治体間の競争がすすむことによって、選んでもらえるような地域のあり方を考えるきっかけになることだそうです。じっさいに、先進的な取り組みを評価して納税先の自治体を選んでいるケースを聞いています。

最近、ふるさと納税をすると得になるからということで、返礼品に注目して納税先を選ぶ傾向がでてきましたが、本来は、税負担の面にかぎっては、どの自治体にかかわりをもつかを主体的に選べるようになったことが重要なのです。これも、自治への参加の権利の一つですから、私たちも大事に選択する必要があります。

第4章

自治体の組織は二元代表制

憲法が二元代表制を採用

自治体政府の組織的枠組みは、憲法と地方自治法で決められています。そのため、自治体の人口や面積は大小さまざまですし、都市部と農村部とか、地域それぞれの事情も異なるのですが、基本的には同様の組織原理で構成されています。これを「組織の画一《かくいつ》主義」といいます。

憲法が決めている大枠は、地方自治の保障の内容を明らかにしているのです。しかし、地方自治法がこまかく規定していることは、地方自治の本旨に照らして議論の余地があるでしょう。

アメリカでは、地方自治制度は各州で決めているのですが、近年、地域住民が制定した自治憲章を州が承認することによって自治権を認めるという制度が多くなっています。自治体の組織もその憲章で決めているので、自治体によっていろいろだそうです。日本でも、もっと自治組織権を認めてもいいのではないでしょうか。

主権者である住民は、代表を選んで、地方自治をおこないます。憲法第九三条は、自

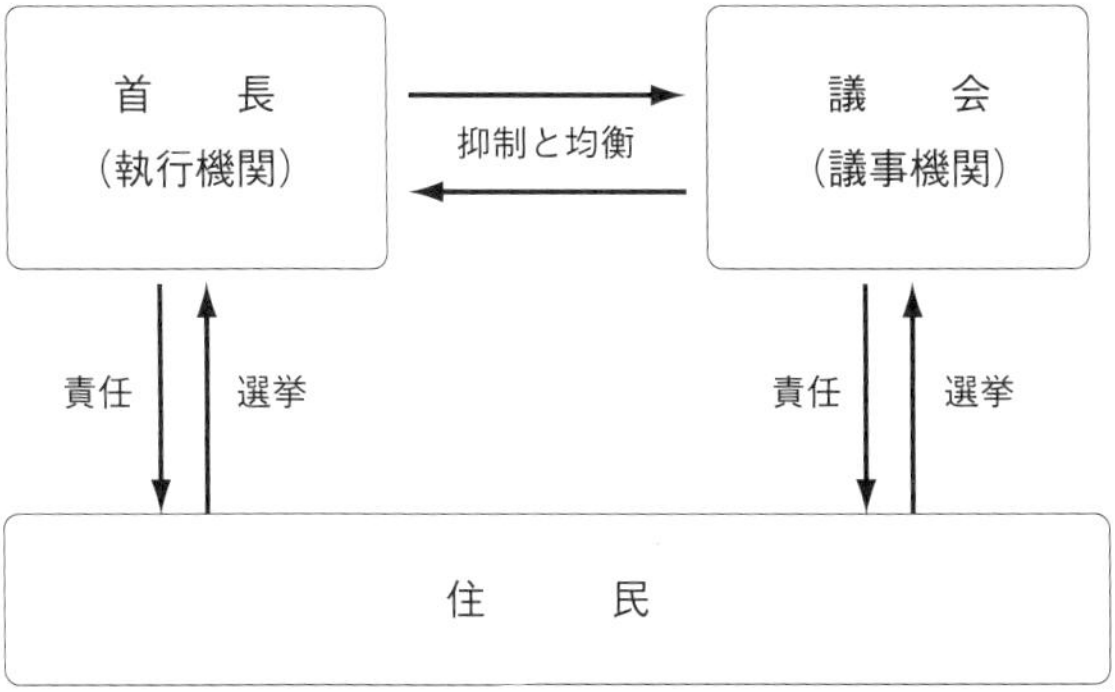

図7　二元代表制

治体に議事機関として議会をおくことと、自治体の長および議会の議員は住民が直接これを選挙することを定めています。したがって、知事・市町村長も、議会も私たちの代表であり、私たちは自治体政府に代表を送り出すチャンネルを二つもっていることになりますから、これを二元代表制とよびます(図7)。自治体は、二元代表制のもと、自治体の長と議会がそれぞれの役割を分担しながら、「抑制と均衡《きんこう》」(チェック・アンド・バランス)によって、地方自治をになっています。

　議会は、条例を制定し、予算を議決する立法機関としての性格をもっていますが、それにとどまらず、自治体にとって重要な案件は議会の議決をもって意思決定する「議事機関」とされています。たとえば、多額の建設工事を発注するような場合は、議会の議決が自治体の意思決定となります。自治体の長は、仮契約を結んで議会に提案し、議決を得たら本契約になるという手続きをとらなければなりません。

「機関」とは、抽象的な存在である自治体にかわって、その意思を決定する自然人のことをいいます。

一方、知事・市町村長は、自治体を「統轄《とうかつ》し、これを代表する」(地方自治法)権限をもち、自治体の長とされています。一般には、よく「首長《しゅちょう》」とよばれています。自治体の長は、予算をつくって議会に提出するなど、自治体の運営について基本的な責任をもつ「執行機関」とされています。自治体の長が自治体を代表するとは、議会の議決によって意思決定したことも、対外的にその意思を表示するのは首長だということです。議会の議決を経なければならないような多額の工事契約も、首長の名でおこないます。

議会の議決や首長の決定がその自治体の意思になるのですが、議会が議決によって意思決定することがらは地方自治法などの法律が定めていて、それ以外のことがらは、首長の決定が自治体の意思となります。

民主的な政治制度は、政府の権力をいくつかの機関に分散し、機関相互の抑制と均衡によって専制政治(支配者が勝手な政治をすること)におちいることを防ごうとします。

これを「権力分立」といいますが、一般に、立法、司法、行政に分けることが多いために「三権分立」ともいいます。

この場合の「行政」は、この本のはじめに定義した意味ではなく、国家の作用から立法と司法を除いたものをいいます。「立法」とは、国民の権利義務に関する法を定める作用であり、「司法」とは、法によって紛争を解決する作用です。

国王はすべての権力を握って人民を支配していたのですが、被支配者の抵抗によって、立法権は議会へ、司法権は裁判所へと、王権から分離していきました。最後まで王権に残されていたのが行政権ですが、それも人民の手に渡って民主主義が成立しました。

権力分立の形には、立法府と行政府の関係によって、大統領制と議院内閣制という二つの類型があります。議会の信任を得て成立した内閣が行政を担当する統治形態が「議院内閣制」です。それに対して、行政府の首長である大統領が直接国民によって選ばれ、議会とは信任関係にない統治形態を「大統領制」といいます。

自治体の二元代表制は、この分類では、大統領制にあたります。憲法は、中央政府については議院内閣制をとっていますが、地方政府は大統領制をとっているのです。

なお、西欧諸国の自治体政府は、カウンシル制をとることが多く、権力分立を採用していません。カウンシル(council)というのは、政策の決定権もその執行をおこなう権限ももっていて、執行権をもった議会と考えればいいでしょう。西欧の地方自治制度を紹介するなかで、たんに議会と訳されることが多いので要注意です。

議会と首長は何がちがうのか

私たちはなぜ、代表のチャンネルを二つもつ必要があるのでしょうか。知事・市町村長という代表のチャンネルと、議会という代表のチャンネルに、何かちがいがあるのでしょうか。

そもそも議会は、被統治者を代表する会議体で、君主制のもと、王権に対抗するなかで発展してきました。

一二一五年に、イギリスで、現代の民主主義につながる大きな事件がありました。ジョン王に対して、貴族たちが詰め寄って、六三項目からなる「マグナカルタ」(大憲章)に署名させたのです。約束させたことにはいろいろありますが、議会の承認なしには課税しない、法にもとづく裁判によるのでなければ処刑されない、という二つのことはとくに重要です。

その後イギリスでは、議会の権限を広げていくことによって民主主義を実現しました。いまでは、イギリス国王は「君臨《くんりん》すれども統治せず」とされ、議会でもっとも多数の議席を占めた政党の党首が首相となって内閣を組織し、議会の信任のもとで議会に責任をもって行政をおこなうという議院内閣制の国になりました。

日本では、第二次世界大戦前は天皇主権の立憲君主制でしたが、戦後の日本国憲法で、象徴天皇制に移行するとともに議院内閣制の国になりました。

アメリカは、イギリスから独立するとともに国王のいない国になりましたから、大統領制をとりました。

フランスは、革命によって国王を処刑して国民の代表がそれまでの国王の地位にとってかわったので大統領制ですが、内政については議会の信任を受けた内閣に大きな行政権限があるので、「半大統領制」などとよばれたりします。

ドイツは、国家を代表する元首《げんしゅ》は大統領ですが、行政の実権は内閣にあるので、議院内閣制に分類されます。

このようにみてくると、議院内閣制とは、国王のもっていた実権を議会がかわっておこなうようになったものであり、国王にかわって大統領が国家元首になった場合も、議会に実権があれば議院内閣制となります。

これに対して、大統領制とは、国王のおこなっていた統治を、国民の代表にやらせるようになったものとみることができます。大統領は、国民の代表ではありますが、いったん権力を握ると腐敗して国民の意思に反して勝手なことをするかもしれません。そこで議会が、統治される側を代表して、統治者に対抗して勝手なことをさせないという役割をはたしているのです。

民主主義とは、支配されていた被統治者が、統治権を握ったということを意味しています。二元代表制では、そのうち被統治者としての立場を代表しているのが議会で、統治権を行使するために送り出している代表が知事あるいは市町村長ということになります。

議会の強み、首長の強み

議会と自治体の長には、もう一つ大きなちがいがあります。

議会が、複数の議員で構成され、複数の意思が討議をつうじて総合されて意思決定がされる「合議制《ごうぎせい》」の機関であるのに対して、自治体の長は、一人でその意思を決定する

「独任制《どくにんせい》」の機関であることです。

地域社会には、さまざまな利害が存在しますが、ある一つの政策が決まれば、その効果は地域のすべての住民におよびます。自治体の長は一人ですから、かんたんに一つの政策に集約することができます。難しい課題に対しても判断は一つです。それに対して議会は、複数の議員で構成されますから、地域にあるさまざまな意見を代表することができます。地域社会のなかにある考えのちがいをふまえて判断できるとも、地域社会の利害対立が議会にもちこまれるともいえましょう。議会では、その意見や利害のちがいを、十分に議論して、一つの結論に導かなければなりません。

ここに、議会の強みと弱み、首長の弱みと強みが生まれます。

議会には、異なった意見が議論され、論点が整理されたうえで最終的な判断をしめすことができるという強みと、意見が分かれて決められないことがあるという弱みがあります。首長のほうには、一つの案を提示できるという強みのある半面、専制におちいったり、逆に優柔不断《ゆうじゅうふだん》になってリーダーシップが発揮されなかったりするというおそれがあるのが弱みです。

議会と首長がそれぞれの強みを生かして、首長が一つの案をしめし、議会は多様な意見をふまえて議論をつくし、個別の利害をこえた地域としての方向を見出して合意を形成するといったことが、望ましい二元代表制のあり方なのでしょう。しかし、議会が難しい議論を避けて首長の判断を「追認」してしまったり、首長の独断におちいったりすることもありえますし、議会と首長のあいだの信頼が失われて対立関係におちいれば、行政が停滞することになります。

いまは、自治体にとって変化の大きい時代で、「自治体改革」をすすめなければならないのですが(自治体改革については後述します)、首長の側が改革をすすめようとして議会と対立するケースがあります。

名古屋市では、二〇〇九年の市長選挙で当選した市長が、行政改革をすすめて減税をおこなうという政策を掲げて、議会と対立しました。一般に、自治体の長が改革を掲げると、議会側は慎重な姿勢になることが多いのですが、これは、大きな変化がおきれば利害を損ねるのではないかとの不安が住民のなかに存在することを反映しています。自治体の長は、そのような心配にはていねいに説明し、かりに改革に「痛み」がともなうのであれば、「自治体の将来のために痛みをがまんしてほしい」と、わかってもらうための努力が必要です。

住民の代表の集まる議会こそが、その説明と説得の場であるはずなのですが、長の側が、自らも住民を代表している、選挙公約として住民の支持を得たなどとして、十分な説明をしなかったりすると、議会と首長の対立の一因になります。二元代表制のもとでは、統治者として選ばれた首長は、被統治者の代表である議会に説明を尽くす義務があり、首長が、議会に十分な説明をせずに自らの政策を押しすすめようとするのであれば、それは専制だといわざるをえません。

逆に、住民の利害を代表する議会が、首長の改革に難くせをつけて、改革の足を引っぱり、現状から抜け出せなくなることもありえます。議員は、自らを支持する住民の個別の利害ばかりに目を向けず、自治体全体の方向をよく見きわめて議論をしなければなりません。

異なる利害を代表している議員どうしが議論を尽くして一致点を見出せば、それは強固な合意の形成につながるはずです。とくに変革の時代を乗りきるような思いきった改革の方向は、議会の議論から生まれるものではないでしょうか。

最近、大阪や名古屋で、首長が政党を組織する動きが見られるようになりました。これについて、政治学者の小林良彰先生は、「首長と議会で相互に権力をチェック・アンド・バランスする二元代表制の原則からすれば、首長に近い会派が議会内第一党もしくは……過半数を占めるようになると、本来の二元代表制の機能が変わる」と指摘しています。

二元代表制では、議院内閣制とはちがって、議会内に与野党関係を想定していません。議会は、つねに首長の政策には批判的な視点でチェックしていくことが必要で、首長とのあいだで一定の緊張感を保つことを前提としているのです。

不信任の制度

合議制の議会の強み、独任制の首長の強みをそれぞれが生かし、住民にもよく説明しながら政策が決定されることが望ましい二元代表制の姿です。議会と首長がたがいに基本的な信頼をもちながら、きびしくチェックしあうような関係であれば、自治体は住民の付託《ふたく》にこたえて住民の福祉を増進できるでしょう。

しかし、議会と長の信頼関係が損なわれ、無用の対立をまねくと、それぞれが権限をもっていますから、自治体としての政策決定が円滑《えんかつ》にできなくなり、行政サービスにも悪い影響がでるようになります。じっさいにも、両者が対立関係におちいることはよく

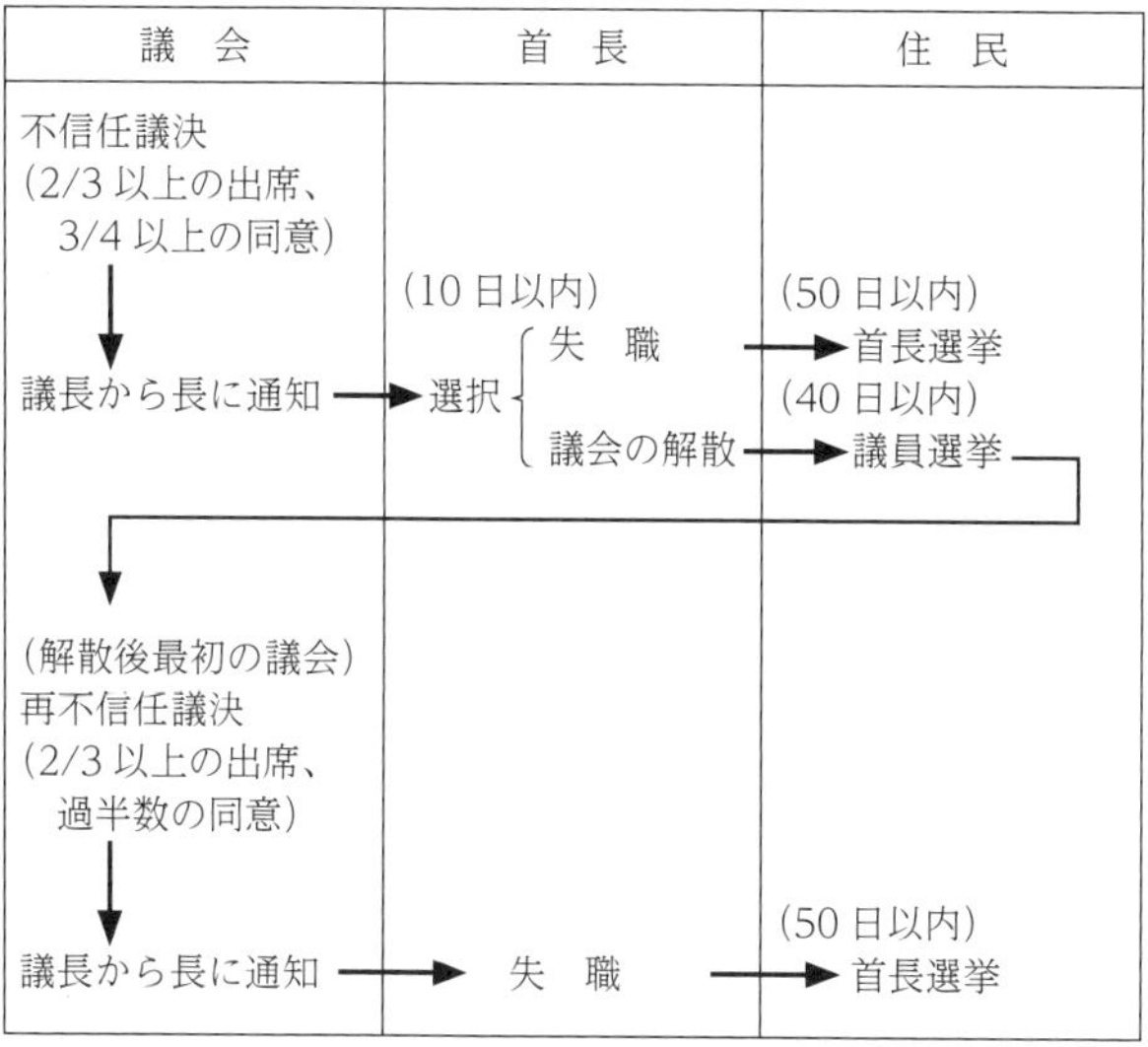

図８　不信任の制度

あります。

そのような事態を解消する一つの手段として、地方自治法は、議会が長を不信任する制度を採用しています（図8）。

議会は、議員数の三分の二以上が出席して、出席議員の四分の三以上が同意すれば、首長を不信任することができます。議会で不信任の議決をしたときは、議長はただちに首長に通知しなければなりません。首長は、不信任の議決の通知を受けてから一〇日以内に議会を解散しなければ、失職します。議会を解散すれば四〇日以内に議員の選挙が、首長が失職すれば五〇日以内に首長選挙がおこなわれます。

いずれにしても、住民は、首長と議会のどちらを支持するのか、選挙をつうじて判断を求められることになります。首長が、失職にともなう選挙に立候補して再選されれば、直接住民の信任を得たのですから、議会はそれを尊重しなければなりません。が、議会の構成が変わっていないので、つまり反対派が多数を占めているので、議会と長の対立がつづく可能性は高いと思われます。

議会が解散された場合には、議会の構成が変わる可能性があります。首長派が多数を占めれば対立は解消されます。反対派が多数を占めれば、議会は再不信任の議決をして、首長を失職に追いこむことができます。解散後はじめて招集された議会で、三分の二以上の議員が出席して過半数の同意によってふたたび不信任の議決がされると、首長は失職して、首長選挙がおこなわれることになります。

三重県南部の尾鷲《おわせ》市では、前市長をやぶって当選した市長と議会が対立したことがありました。当選早々に市長が記者会見で反対派の議員を非難したと伝えられていますから、これも対立を生んだ一因になったと思われます。長と議会は、政策的な対立だけでなく、感情的な対立になることも多く、こうなると自治体の運営にさしさわりが出てしまうことになります。

相互に批判をくりかえし、市長提出の議案が否決されるなどしていたのですが、市長のスキャンダルをきっかけに市議会が不信任の議決をし、市長は議会を解散しました。議員選挙の結果は同じような顔ぶれが当選し、議会は再不信任議決をしました。こんどは市長が失職し、市長選挙になりました。市長も立候補しましたが落選して、長と議会の対立は解消しました。

行政委員会

自治体に教育委員会という組織があることは、みなさんも知っているでしょう。

自治体には、長から一定程度独立して行政をおこなう執行機関として、いくつかの行政委員会がおかれています(表1)。行政委員会は、複数の委員によって構成される「合議制」の機関です。選挙管理委員会の委員は、議会の選挙によって選ばれます。教育委員会の委員は、議会の同意を得て首長が任命します。

自治体の教育サービスを提供しているのは、教育委員会です。選挙で選ばれる自治体の長から独立した立場に立って、政治の影響を受けることなく公正中立に教育サービス

表1　自治体の行政委員会

都道府県にも市町村にもおかれる委員会	
教育委員会	学校などの教育機関の管理など
選挙管理委員会	選挙の管理執行
人事委員会または公平委員会	人事行政、職員の不利益処分に対する審査など
監査委員	財務の監査、事務執行の監査
都道府県におかれる委員会	
公安委員会	都道府県警察の管理
労働委員会	労働争議のあっせん、調停、仲裁など
収用委員会	土地収用に関する審査
海区漁業調整委員会	漁業関係者の紛争の裁定など
内水面漁場管理委員会	漁業関係者の紛争の裁定など
市町村におかれる委員会	
農業委員会	農地などの利用関係の調整など
固定資産評価審査委員会	固定資産課税台帳登録事項の不服審査

をおこなうために、行政委員会制度を採用しているのです。教育委員会は、市町村にも、都道府県にもおかれます。

最近、いじめが原因で中学生が自殺したとみられる事件がおこり、市長が学校を訪問したり、校長から直接聞き取りをしたりしたと伝えられました。教育委員会制度では、首長は直接教育に介入してはならないことになっています。自治体全体をたばねる責任者として関心をもつことはいいことですし、教育委員会に意見を述べることもいいと思います。しかし、調査が必要だと判断した場合は、教育委員会をつうじておこなうべきです。

選挙管理委員会も、市町村と都道府県

- 議事機関 —— 議会
- 執行機関
  - 首　　長（独任制）
  - 行政委員会（合議制）

図９　自治体の機関構成

の双方におかれる行政委員会です。選挙の管理執行は、政治家である長から独立した機関がおこなう必要があるからです。

第三者的立場に立って裁定《さいてい》、仲裁《ちゅうさい》などの審判的機能をいとなむために行政委員会制度を採用している場合もあります。労働争議のあっせん、調停、仲裁などをおこなう労働委員会、漁業権をめぐる漁業関係者の紛争の裁定などをおこなう海区漁業調整委員会が都道府県におかれていますし、農地等の利用関係の調整などをおこなう農業委員会が市町村におかれています。

執行機関として、長のほかに行政委員会がおかれて多元的な組織になっていることを、「執行機関の多元制」とよびます。執行機関どうしがバラバラになってはいけないので、行政委員会は一定の独立をしながらも、首長が全体をたばねて一体として行政機能を発揮するように連絡調整をはかることになっています。また、予算の権限はすべて首長にあるので、一体性を確保するための統制手段となっています。

先にあげた組織の画一主義、二元代表制と、執行機関の多元制の三つが、日本の自治体の組織原理になっています。

官僚制で組織された行政職員

政治システムのために働く人たちが公務員で、そのうち中央政府のために働くのが国家公務員、地方政府のために働くのが地方公務員です。

地方公務員は、選挙によって選ばれる長や議員、任命に議会の同意が必要な行政委員会の委員など、主に自治体の政策決定をおこなう「特別職」と、主に政策の立案を助けたり、決まった政策を実施したりする「一般職」に分けられます。

一般職の地方公務員は、能力と実績によって採用・昇進する行政職員であり、自治体と一種の雇用関係にある職業公務員として理解できます。憲法は「すべて公務員は、全体の奉仕者であつて、一部の奉仕者ではない」と規定していますが、公共の利益のために働く行政職員には、法律的にも特別な規律が必要になります。そのために、行政職員の勤務条件などは、地方公務員法という法律によって規定されており、自治体と行政職員の権利義務関係は、法的に民間一般の勤務関係とはちがったものになっています。

私たちを代表して自治体の意思決定をおこなうのは、長と議会ですが、じっさいに、政策を立案したり、実施したりしているのは、たくさんの行政職員です。

行政職員は、自らの政治的信条にかかわらず、首長を補佐したり、事務執行をする立場におかれているので、政治的中立が求められています。行政職員も、憲法によって思想信条の自由、表現の自由が保障されているのですが、公務の中立を疑われないよう、一般職の公務員は、地方公務員法によって、一定の政治活動が禁止されています。行政職員は、身分保障されていて、転勤、昇進しながら一生のキャリアを公務にささげる者が多くを占めます。

行政職員は、官僚制といわれる上下のピラミッド型に組織されています。官僚制の組織を設計するには、まず、自治体のすべての仕事を一人分ずつに分けて、ヒラの「職」に割り当てます。こんどはいくつかのヒラの職をできるだけよく似た仕事をたばねて「係」をつくり、それを監督するために「係長」という職を設けます。いくつかの係をたばねて「課」をつくり、それを監督するために「課長」をおきます。大きな自治体では、課長を監督する「部長」をおきます。これで「部長―課長―係長―係」という組織ができます。係は、稟議《りんぎ》といって文書で上司にうかがいをたて、上司の命令に従って仕事をします。

官僚制組織のそれぞれの職に、具体的な人をあてることを「任用《にんよう》」といいます。公務員試験に合格して採用されると、どこかの係に配属されますが、これも任用です。採用や昇進などの任用は、試験の成績や勤務実績など能力の実証にもとづいておこなうことになっています。みなさんが公務員になるには試験に受からなければなりませんが、これは職務(それぞれの職に割り当てられた仕事)をおこなうだけの能力があることを実証するためにおこなうのです。

公務員の身分は保障されていて、病気などで職務の遂行ができなくなった場合か、汚職や職務上の義務違反など公務員として許されない行動があった場合以外はクビになりません。一見うらやましく思うかもしれませんが、能力にもとづく任用も身分保障も、行政職員を政治の影響から一定に切り離して、不公平な扱いなど住民から見ると勝手な行政におちいることのないようにしているのです。

新聞などで「公務員の給料が高い」という批判を見ることがあります。しかし、行政職員の給与(給料とボーナスなどの手当をふくめてこうよびます)は、民間のサラリーマンの給与を調べて、それと同水準になるように決められています。小さな事業所が調べられていないという批判がありますし、格差社会といわれるなかで公務員が恵まれていることも事実です。

が、一方、試験によって採用される公務員には、成績優秀でサラリーのいい大企業にも就職できたのに、みんなのために働くことを選んだ人たちもたくさんいます。批判は大切ですが、給与の引き下げよりも、給与にみあったよい働きを求めてはどうでしょうか。

公務員制度は、行政職員が、公平・公正な行政サービスのために働けるようにするためのしくみなのです。自治体職員にはどうあってほしいのか、建設的な批判をしていくのがよいと思います。いずれにしても、私たちのために働いている公務員をおとしめることは、よき地方自治を生む結果にはならないと思います。

日本では、公務員は法律で労働基本権が制限されていて、ストライキができないことになっています。

私がイギリスで見た光景は忘れられません。黒いユニフォームを着た集団が、消防ホースを伸ばして放水していました。案内の方に「消防の訓練ですか」と聞いたところ、「あれは陸軍です。もうじき消防のストライキがありますが、消防のストライキ中の消火活動は陸軍がおこなうことになっているので、訓練しているのです」とのことで、たいへんびっくりしました。

日本では、公務員がストライキできないことはあたりまえで、安全を守る消防のストライキなんて禁止に決まっているとされていますが、イギリスではあたりまえではないようです。

あたりまえだとされているものは要注意です。主権者である私たちが、あたりまえと思うかどうかを問い直してみなければなりません。

第5章

住民は政治に参加できる

選挙権の行使

政治学者でカナダ政治学会会長も務めたC・B・マクファーソンは「多数者がじっさいに支配者をコントロールするような体制」こそが民主主義の統治体制なのだ、と述べています。つまり、地方自治が民主主義でおこなわれているというためには、私たちが地域の政治になんらかの形で影響を与えていなければなりません。

このために、もっとも重要な手段が選挙です。

ところが、じっさいに投票に行ったときに、誰に入れたらいいか困ることがあります。誰に入れればいいかわからないから投票に行かない、などという人もいますが、それでは、選挙をつうじて私たちの意思を地域の政治に反映できません。では、どのような投票行動をとれば、私たちの意思が地方自治に伝わるのでしょうか。

私たちは、選挙でどの候補者を選ぶかを決めるとき、人物で選ぶ、政党で選ぶ、政策で選ぶ、の三つの基準を組みあわせて判断しています。

人物で選ぶというのは、立派な人を私たちの代表に選べば、きっとよい政治をしてくれるだろうという考え方です。尊敬できない政治家に政治をまかせるわけにはいきませんが、尊敬できる人物だからといって、今日の複雑な社会で的確な政策的判断ができるかどうかは確かではありません。市町村長や知事ともなると、市町村役場や都道府県庁という組織を指揮して、住民福祉の増進という結果を出す責任がありますから、行政経営能力にもすぐれていなければなりません。

近代民主政治は政党政治であって、政党が国民の意見を集約して政策にまとめて提示し、それをめぐって選挙がおこなわれます。政党で選ぶというのは、政党政治をすすめるという点では妥当な態度なのですが、地方政治の現実として、政党は国政の下位組織として機能しているだけで、地域の問題について意見を集約して具体的な政策として選挙で提示するという機能は未成熟です。特定の政党に所属していても、無所属として立候補する政治家が多いのは、このことを反映しています。

近年、市町村長選挙、都道府県知事選挙では、マニフェストとよばれる政策を明示した選挙公約が発表されるようになりました。首長選挙では、政策で選ぶ環境が整ったといえましょう。図６(四一ページ)は、そもそも参政権というのは、政策決定への参加であることをしめしています。とすれば、マクファーソンのいう「支配者をコントロールする」ためには、選挙をつうじて政策決定に影響しなければなりません。人や政党で選ぶ場合も、政策がなんらかの基準にならなければならないということになります。

選挙でどの候補者を選ぶとどのような政策が選択されるのかは、じっさいにはわかりにくく、私たちも日頃から自治体政治の情報を集め、首長や議員がどのような発言をしているのかを見きわめておく必要があります。

選挙では、候補者の政策は「パッケージ」としてしめされることも、私たちの選択を難しくしています。いくつかの政策的論点がある場合、A候補は①③⑤、B候補は②④⑥という公約を掲げていたとします。あなたは、①④⑤という政策の選好をもっているとき、どのように投票すればよいでしょうか。より重要だと考える④の政策を掲げるB候補を選ぶのと、①⑤という二つの政策で一致するA候補を選ぶのと、どちらがよい結果になるのでしょうか。私たちは困難ななかで知恵をしぼって選んでいるのですから、少なくとも、選挙で選ばれたからといって公約のすべてについて支持を得たかのようにふるまう候補者(最近多いように思います)は、専制的な体質をもっているといえるのではないでしょうか。

政策は、複数の政治家の力学によって決まりますから、自分の理想にぴったりの政治家が立候補していないときには、誰を選べば自治体の政治力学にどのような影響を与えるのかを予想して、投票してはどうでしょうか。それによって、自治体の政治重点を移動させようとするわけですから、それも、私たちの「コントロール」になります。

国政の例ですが、衆議院選挙で与党(内閣を支持している政党)が安定多数をとると、参議院では野党(内閣に反対する政党)に過半数をとらせるという選挙結果がよくみられました。このように、国会の衆議院と参議院で与野党の比率が逆転している状況は、「ねじれ」とよばれます。

二〇一三年におこなわれた第二三回参議院議員選挙でねじれが解消しましたが、マスコミなどではねじれに批判的な論調も多かったのです。ねじれが批判されるのは、参議院にも強い権限があるので、法案が参議院で否決されて国政がマヒ状態におちいってしまうおそれがあるからです。

しかし、衆参両議院ともに安定多数を確保してしまうと、国民の意見に真摯《しんし》に耳を傾けなくなってしまうかもしれません。事実、衆参両院で安定多数を確保した安倍政権(自民・公明連立政権)は、二〇一五年に、日本を代表する憲法学者たちが違憲だと断定した法案を、国民の十分な理解を得ることもなく成立させました。

ねじれも、それを解消させたのも有権者の判断です。ねじれは、高度な政治力学的判断を有権者がおこなっていたのだと考えるべきではないでしょうか。

直接参政制度

リコールという言葉を聞いたことがありませんか。地方自治においては、選挙以外にも政治参加の権利が認められています。

現代の民主主義は、代表制だけでは住民の意思が十分に政治に反映されないおそれがあるので、一般的に、

レファレンダム(住民投票：住民の投票によってものごとを決する制度)、

イニシアティブ(住民発議：住民の発議によって政策決定をおこなう制度)、

リコール(解職請求：住民が公務員の解職を請求する制度)

という直接民主的な制度によってこれを補っています。

日本では、国政については、直接民主的な制度がほとんど採用されていないにもかかわらず、地方自治については、直接請求権が認められています。具体的には、イニシアティブとして条例の制定改廃請求権、リコールとして議会の解散請求権、議員の解職請

求権、首長の解職請求権などの制度がありますが、いずれも一定数の署名を集めることによって請求できます。

条例の制定改廃は、請求代表者が有権者の五〇分の一以上の署名を集めて、首長に対して請求します。請求を受けた首長は、二〇日以内に議会を招集し、意見をつけて、議会に提出します。首長が反対の意見をつけることもありますし、議会が否決することもあります。住民が発議したものを議会が判断するのではなく、住民投票にかけるべきだという意見もあります。

ほかの直接請求にもいえることですが、請求の手続きはたいへん厳格ですから、選挙管理委員会の説明を聞いてまちがいなくすすめなければなりません。三重県の伊賀市では、庁舎の建設場所をめぐって住民投票条例制定の請求がおこなわれましたが、署名簿に条例案が添付されていなかったために、たくさんの署名を集めたのに無効な請求になってしまいました。

署名は、選挙管理委員会が審査します。有権者でない人の署名は無効ですし、同じ人が重複して署名していたり、家族分まとめて一人の人が書いたりすると、その署名は無効になります。そのために、署名の数が足りなくなって請求が成立しないこともあります。

議会の解散、議員の解職、首長の解職の請求は、いずれも、有権者の三分の一以上の署名を集め、請求代表者から選挙管理委員会に対して、請求します。請求を受けた選挙管理委員会は、選挙人の投票をおこない、過半数の同意があった場合は解散または失職します。

リコールの制度は、市町村長と議会が対立した場合に、住民主導でそれを解消する手段として、よく使われます。

三重県松阪市では、二〇〇九年に全国最年少で当選した市長と議会の関係は、あまりよくありませんでした。市長は二期目になって、ＰＦＩ(Private Finance Initiative：民間資金等活用事業)といわれる方式で図書館の改修工事とその後の運営とを一体的に発注しようとしたのですが、議会はＰＦＩの検討のための予算を否決しました。議会の側は、図書館の改修は必要だが方式は納得できないということだったようです。さらに、二回、三回と予算を提出したのですが、三回にわたって否決されてしまいました。

市長は、ＰＦＩ方式でおこなおうとしていた図書館改革は、市民とともに検討したものであり、それが実現できなくなった以上誰かが責任をとるべきだとして、辞職を表明しました。市長の支持者たちは、議会の側に責任があるとして、議会解散の請求のために署名を集めました。必要とされる有権者の三分の一以上の署名が集まったのですが、選挙管理委員会が審査したところ、署名に無効なものがあったために署名の数が足りず、リコールは結局不成立となりました。

市長は、リコールが成立したら考え直すと言っていたのですが、不成立を受けて辞職しました。市長選挙の結果、市長の後継指名を受けた候補者は落選し、市長と議会の対立は解消するとみられます。

請願・陳情、意見募集

選挙や直接請求以外にも、政治に参加する手段はさまざまに用意されています。

憲法第一六条は、法律の制定改廃などについて、何人も平穏に請願《せいがん》する権利をもっているとしています。請願は、歴史的には、国民が支配者に対して不利益の救済などを求める制度でしたが、現代では、国民の政治的意見を表明する手段として重要になっています。

地方自治においては、地方自治法が議会への請願について規定していることが重要です。

議員の紹介によって請願書を提出すると、議会において採否が審議され、採択されると、誠意をもって対応されることになります。採択された請願の多くは、執行機関で対応することになりますが、議会は、その請願の処理の経過と結果の報告を求めることができます。報告を求める旨は、請願の採否とともに議決されます。

じっさいに議会に提出される請願には、国政に関するものも多くなっています。自治体の議会は、自治体の公益に関することであれば、国会や関係の行政機関に意見書を提出することができます。国政に関する請願が採択されると、議会は国に対する意見書を提出することになるのがふつうです。

請願に準じるものとして「陳情」とよばれるものがあります。法律に定められた手続きによらない議会や関係機関への要望をいいますが、通常は「要望書」などと題した文書の提出によります。特別な法律的効果がでるわけではありませんが、住民側からの意見・要望を自治体に伝えるには有効な手段になっています。

一方、多くの自治体が広聴《こうちょう》・広報を重視するようになっています。自治体のさまざまな情報を住民に届け、住民からは自治体への意見や要望を吸いあげようという取り組みです。二一ページで、行政サービスは、それによって地域や住民の生活がよくならなければ効率的だとはいえないと述べましたが、とすれば、行政サービスが役に立っているかどうか、住民の意見を聞いて確かめる必要があることに気がついたからです。

市町村のホームページを見てみると、「パブリックコメントを実施しています」などと出ているのは、計画の案などに対する意見募集のことです。市政についてなんでも意見を言えるような窓口を開いている市もあります。しかし、概して、住民の反応は大きくないようです。私たちとしては、意見を述べる機会を、積極的に活用することが大事ではないでしょうか。

松阪市は、重要な政策課題については「シンポジウム・意見聴取会」を開いて、市民が広く意見を述べる機会をつくり、それを踏まえて市長が判断するというしくみをつくりました。松阪市のホームページには、「シンポジウム・意見聴取会」というページが用意されていて、二〇一五年一一月六日現在「「文化センターのあり方市民討議会」を開催いたします！」など一三件のお知らせが出ています。市民のなかにはさまざまな意見がありますが、それを表明する機会を設け、最終的には自治の責任をもった機関が意思決定するということは、とてもよいことだと思います。

松阪市民にも、こういった集まりに出席する習慣ができているようです。私も、公共施設をどう活用したらよいか、民間の提案を募集して公開プレゼンテーションをするという集まりに出席したことがありますが、たくさんの市民が出席して、何人かの人たちは、質問や意見を積極的に述べていました。自治体政府の側も、漫然と意見を募集するのではなく、住民が参加したくなるようなしかけを工夫することが必要なのでしょう。

参加のパラドックスと住民運動

残念ながら、民主主義には、「政治参加のパラドックス」という現象がみられます。社会的に力をもっている人たちは、選挙以外にもさまざまな形で主張を声にする機会がありますが、政治的弱者といわれる人たちは、政治的な課題をむしろたくさんかかえているにもかかわらず、それを声に出すような機会にめぐまれていません。ですから、弱者の声を積極的にひろうようなしくみを考えることが必要です。

でも、私たちは、便利なしくみが整うまで待っていては、手遅れになるかもしれません。積極的に声を上げるように努力しなければ、たとえば政治家にまかせておけばいいなどと考えていれば、結局、私たちの声は何も政治に反映しないことになります。

一九七〇年代に、身近な生活にかかわる問題や一般的な社会問題に対して、一般の市民・住民が政治や行政にはたらきかける動きが活発になりました。これが住民運動とか市民運動とかよばれ、政治に影響を与える点からは、政治運動ともいわれています。

政治学者の阿部齊《ひとし》先生は、政治運動とは、「ほかに適切な手段をもたない人々が、なんらかの政治目的を達成するために、主として身体的な活動によって政治に継続的にはたらきかけること」だと言っています。「身体的な活動」とは、体を動かすことです。ほかに手段がなければ、体を動かして政治にはたらきかけるほかないということです。

一人ではなんの力もない者にとって、政治運動とは、同じ気持ちの人たちにはたらきかけて団結し、力をあわせて政治目標を達成していくことでもあります。二〇一四年に九四歳で亡くなったアメリカのフォーク歌手ピート・シーガーは、一人の小さな手では何もできないけれど、みんなの手と手が集まれば何かできると歌いました(アレックス・コンフォート作詞、ピート・シーガー作曲「一人の手」)。ピート・シーガー自身が、歌いながら政治運動の先頭に立ってきた人です。私たちが何か政策に影響を与えようとすれば、同じような困りごとをかかえた人たちと力をあわせて政治運動をおこし、多くの人たちの共感を得るように努力していくほかないのです。

政治運動をおこすときにも、たんに自治体に意見を言うときにも、便利なのが情報公開制度です。自治体のもっている情報は、基本的にみんなのものだという意識がひろがって、ほとんどの自治体は、情報公開条例を制定しています。個人情報などを除いて、ほとんどの行政資料は公開されていますから、情報公開窓口で請求すれば入手することができます。総合計画やその進捗《しんちょく》状況の評価などは、どの自治体でもホームページなどで公表しているのがふつうですから、まず、関連の箇所をチェックして、さらにくわしい資料を情報公開窓口で請求すれば、相当のことはわかるようになっています。

条例による住民投票

地方自治の直接請求制度は、相当に充実しているといえます。ところが、不思議なことに、三類型のうちリコールとイニシアティブは制度化されているのに、レファレンダム(住民投票)だけが制度化されていません。しかし、地域の将来を左右するような問題を首長と議会だけにまかせておいていいものかという疑問をもった住民の運動によって、条例をつくって住民投票にかけるような動きが出てきました。条例による住民投票については、今井一《はじめ》先生の『住民投票』(岩波新書)がくわしいので、主に同書を参照しながら考えてみましょう。

憲法第九五条は、一つの自治体だけに適用される法律をつくるためには、住民投票で過半数の同意を得なければならないとしています。しかし、これは国政から地方自治を守るための制度であって、地方自治のレファレンダムの制度ではありません。

最初に住民投票条例ができたのは、高知県の窪川町《くぼかわちょう》(二〇〇六年の合併で現在は四万十町《しまんとちょう》の一部)で、一九八二年のことです。同町では、一九八〇年に四国電力の原子力発電所の建設計画が明らかになり、賛否両派が行動をおこすなかで、「原子力発電所設置等に関わる住民投票に関する条例案」が議員提案されましたが、賛成少数で否決されました。原発反対派は、必要な署名を集めて町長のリコール請求をおこない、解職投票の結果、町長は解職されました。町長選挙には、解職された町長も立候補しましたが、原発を立地させるかどうかは住民投票で決めるとの公約を掲げて、原発反対派の候補者を破って再選されました。

再選された町長は、公約を守って、住民投票条例を議会に提案し、可決・成立しました。住民投票をやれば反対票が過半数をとる可能性が高いということで、投票はおこなわれないままに、四国電力の立地計画は立ち消えになったということです。

この窪川町の条例は広く反響をよび、鳥取県米子市《よなご》では国の大規模公共事業である中《なか》海《うみ》の淡水化について、三重県南島町《なんとうちょう》(二〇〇五年の合併で現在は南伊勢町の一部)と宮崎県串間市《くしま》では原子力発電所の設置についての住民投票条例が制定されました。

じっさいに住民投票がおこなわれた最初は、新潟県巻町《まきまち》(二〇〇五年の合併で現在は新潟市の一部)で、一九九六年のことです。一九七一年に東北電力による巻原子力発電所建設計画が公表され、一九七七年には巻町議会が同意決議し、一九八〇年には町長が同意を表明し、同時期に漁協も補償に応じました。一九八二年には原子炉設置許可申請書が提出されましたが、一部建設予定地の買収が難航して、国の安全審査が中断していました。未買収地のなかには町有地がふくまれていましたが、一九九四年の町長選挙で、慎重派から推進派に転じた町長が、慎重派と反対派の候補を破って、三選されました。

慎重派と反対派の候補の得票を足せば推進派の町長の得票を上まわるのに、このまま原子力発電所がつくられてよいのかと疑問に思った住民有志は、民意をはっきりさせるために、自主管理の住民投票をおこなうことにしました。一九九四年一〇月に「巻原発・住民投票を実行する会」が発足し、町当局に巻原発の賛否を問う住民投票の実施を求め、町当局が実施しない場合は町民自主管理による住民投票を実施することを決めました。推進派の町長は、会の申し入れに対して、住民投票をおこなわないし、自主管理の投票にも協力しないと表明したので、一九九五年二月に自主管理の投票がおこなわれました。有権者の四五・四％が参加し、投票の九五％が建設反対でした。

しかし、推進派の町長は、住民投票にはなんらの法的根拠はなく、間接民主制である以上すでに町長選挙や議員選挙で民意は出ているとして、町有地の売却をすすめようとしました。実行する会のメンバーたちは、町有地売却をなんとか断念させ、一九九五年四月の議会議員選挙に候補者をたてて二二議席中一〇議席をとりました。住民投票派の議員たちは六月議会に住民投票条例を提出、条例を制定させました。

原発推進派は、条例施行の日から九〇日以内に実施するという規定を、条例の制定改廃請求権をつかって、議会の同意を得て実施するに改正し、町長は住民投票をやらずに町有地売却をすすめようとしました。これに対して実行する会は、町長をリコール、有権者の三分の一をはるかに上まわる署名が集まったので、町長は解職投票をまたずに辞職しました。

一九九六年一月におこなわれた町長選挙で、実行する会の推す候補が当選、新町長は議会の同意を得て住民投票を実施しました。一九九六年八月四日に、条例による住民投票が日本ではじめて実施され、投票率は八八・二九％、原発反対が全投票の六〇・八五％、有権者総数の五三・七三％を占めました。

原発推進派は、議会でいぜん多数を占め、住民投票の結果に法的拘束力はないとして建設推進の姿勢をとりつづけました。危機感をもった新町長は、「賛成多数であれば建設の方向に向かい、反対多数であれば町有地を売却せず、建設は不可能になる」という約束のもとに住民投票をおこなったのだから、建設を不可能にしなければならないと考え、原発の炉心予定地近くの町有地を二三人の町民に売却し、事実上、原発の建設はできなくなりました。

極力簡潔に紹介したのですが、ずいぶん長くなりました。日本初の住民投票がおこなわれるまでにも、そしてそれが尊重されるまでにも、ずいぶんと紆余曲折《うよきょくせつ》があったのです。

実行する会を言い出した七人の町民は、会の運営資金として一〇〇万円ずつ持ち寄っていますし、自主管理の投票をおこなうためにかかった約一〇〇〇万円は、賛同者や町民のカンパでまかなっているのです。もちろん、費用だけではなく、多くの労力や、精神力を要したはずです。今井一先生は、この巻町の事例紹介を、つぎの言葉で締めくくっています。

「それにしても、この苦労はどうだろうか。住民投票を実施するのも難しければ、そこで出された民意を実現するのも難しい。巻町の人は自分たちが真の主権者になるために、こんなにも努力を続けたのだ」。

地方自治に民意を反映させるというのは、これほど困難を伴うものですが、一方、その努力は、民主的な地方自治をめざす人たちの共感をよび、勇気を与えてくれます。条例による住民投票は、他の自治体にも波及し、民主的な地方自治の発展に大きく貢献しました。

巻町につづいて、一九九六年九月には沖縄県で米軍基地の整理縮小をめぐっての住民投票、一九九七年六月には岐阜県御嵩町《みたけちょう》で産業廃棄物処理場の設置についての住民投票がおこなわれています。大規模公共事業としては、二〇〇〇年一月に徳島県徳島市で吉野川可動堰《かどうぜき》についての住民投票がおこなわれています。いまでは、あちこちの自治体で合併の是非を問う住民投票などがおこなわれ、条例による住民投票は、重要な政策について住民の意思を確認する手法として定着した感があります。

住民投票を誰がリードするのか

条例による住民投票は、最初は、地域の将来を心配する住民側のリードでおこなわれることが多かったのです。

窪川町は町長提案の条例ですが、住民投票をしぶる町長にリコールで圧力をかけたので投票実施を公約せざるをえませんでしたし、巻町では、議員提案の条例ですが、住民の粘り強い運動の積み重ねで実現したものです。今井一先生が『住民投票』の巻末にまとめた表をみてみると、じつは、窪川町から巻町のあいだに、条例制定改廃請求権をつかって住民投票条例の制定が直接請求された事例がたくさんあり、それの大部分が議会で否決されていることがわかります。

先に述べたように、請求が成立しても、首長は意見をつけて議会に提出するわけですから、首長が反対の意見をつけたり、議会が否決してしまうことが多いのです。首長や議会と民意がかならずしも一致しないという現実があるのですから、条例制定改廃請求権が成立したら、住民投票にかけるよう制度改正するのが民主的だと思います。住民主導で住民投票がおこなわれた事例とは、間接民主制の厚い壁を乗り越えて、民意を結集した事例であるといえましょう。

最近では、住民投票が、政治的対立を解消するために市町村長によって利用されるケースもよく見られるようになりました。

三重県の南部に御浜町《みはまちょう》という町がありますが、隣の熊野市に合併するかどうかで、町の議論が分かれました。合併しない方針の前町長を破って、合併派の町長が当選しましたが、議会は賛否二分していたので、合併をすすめることができません。そこで、条例をつくって住民投票をおこないました。その結果は、合併推進三六三五票、単独継続二三六八票ということで、町民の意思は合併にあることがしめされ、町議会は、熊野市への合併申し入れをおこなうことを、全会一致で承認しました。しかし、申し入れを受けた熊野市は、すでに別な町と合併していたので、当面は新市建設に力をいれるということで、合併は実現していません。

住民投票をめぐって、住民側の意向と、首長側の意向が複雑にからみあうこともあります。三重県の伊賀市では、市役所の庁舎が老朽化《ろうきゅうか》して建て替える必要がありましたが、「現地整備案」と「移転整備案」で、市民もふくめて意見が分かれました。現地整備を主張する市民たちは、住民投票条例の直接請求をしました。必要な署名は集まったのですが、署名簿に条例案が添付されていなかったというミスで、請求は成立しませんでした。市長は、移転整備をすすめていたのですが、「署名した約七〇〇〇人の思いを考慮し」、住民投票条例を議会に提出、議会は賛成多数で可決しました。条例には、投票率が五〇%未満の場合は開票しないといういわゆる「五〇%条項」がつきました。投票者は有権者の半数に達せず、開票はされませんでした。その後、市長は、それまでの方針どおり移転整備をすすめています。

政治的対立を解消する手段として、不信任やリコールとならんで住民投票が使われることは、その手段が多様化するという意味でよいことではあるのですが、伊賀市の例にみられるように、市民の参加が少ないままに終わると、本来の直接参加の趣旨からは失敗だと言わざるをえません。条例による住民投票という直接参加の手段を地方自治に加えてくれた人たちの努力を、私たちはもう一度思い出す必要があるのではないでしょうか。

住民投票では決められない

このように、いまでは一般的になった住民投票なのですが、地方自治法では、自治体の意思決定は首長か議会がすることになっているので、住民投票によって自治体の意思を決めることはできません。また、投票結果が首長や議会の意思決定を法的に拘束《こうそく》するような規定は地方自治法に違反するというのが通説で、投票結果にしたがって首長が決めるという条例も、無効だと解釈されています。

そこで、じっさいの住民投票条例では、「投票結果を尊重する」というていどの規定になっています。これでは、法的拘束力は何もないことになってしまいますが、民意がはっきりしめされた以上、それにしたがわないわけにはいきませんから、政治的には大きな影響を与えるのです。

ところが、現実には、住民投票の結果にしたがった決定がされない場合もあるのです。

これも今井先生の著書を参考にしていますが、沖縄県では、一九九六年五月に「日米地位協定の見直し及び基地の整理縮小に関する県民投票条例」が制定され、九月八日に投票がおこなわれました。日本で二番目の住民投票は、県民投票になったのです。投票率は五九・五三％、日米地位協定の見直し及び基地の整理縮小に賛成の投票が全投票の八九・〇九％で、有権者総数の五三・〇四％を占めました。投票率はあまり高くないようにみえますが、反対派が反対の投票ではなく投票に行かないようよびかけたことを考えあわせなければなりません。住民投票では、投票で民意をあらわすことに反対の人が、投票自体をボイコットする傾向があるのです。

当時沖縄県知事は、米軍用地の強制使用に必要な手続きを拒んでいましたが、首相が「基地の整理縮小と日米地位協定上の見直しに努力する」などと表明して説得したのにおうじて、投票直後の九月一三日に手続きをすすめることに同意しました。投票結果を尊重して拒みつづけることを期待していた県民の多くが、失望することになったのです。

名護《なご》市は、いまでも、普天間《ふてんま》基地返還の代替用地の候補地になっていますが、その発端は、一九九六年の橋本首相・クリントン米大統領の会談です。最初反対の姿勢だった市長が一九九七年に事前調査受け入れに傾くと、住民投票の動きが出ました。なんと有権者の過半数の署名を集めて住民投票条例制定の直接請求がされましたから、議会も否決はできず、修正可決しました。一九九七年一二月に投票がおこなわれ、賛否両派のはげしい運動と大接戦のすえ、投票率は八五・四五％で、普天間代替のヘリ基地反対の投票が投票総数の過半数、五二・八七％を占めました。

住民投票後に市長選挙がおこなわれて、基地建設推進派の市長が当選し、住民投票から二年たった一九九九年一二月に、市長が辺野古《へのこ》沿岸域へのヘリ基地受け入れ容認を表明したのです。ヘリ基地については、その後紆余曲折をへましたが、現在、国が建設をすすめる一方、沖縄県知事も名護市長も反対を表明しており、工事に必要な埋立許可の手続きをめぐって法的に争われているところです。

住民投票への批判とそれに対する反論

条例による住民投票に反対する意見もあります。

一つは、「間接民主主義」に反するのではないかというものです。代表である議会や市町村長が責任をもって判断するべきものを直接住民の投票にゆだねるのは、代表の責任放棄だというものです。ところが、本来の民主主義とは、できるだけ主権者である国民や住民の意思によって決めようというものですから、重大なことがらについてあらためて民意を確認することは、間接民主制においても必要なことです。

そもそも民主主義とは、人民が直接政治に参加することであり、直接民主制のことでした。代表制は、自由主義の政治のなかで生まれ、民主主義に引き継がれました。小集団で発生した民主主義が、国といった大きな社会で実現したのは、代表制のおかげです。大きな政治共同体では代表制をとらなければ、民主主義を実現することがほとんど不可能なのです。憲法もその前文で、国民は、「正当に選挙された国会における代表者を通じて行動」するとうたっています。間接民主制は、代表制によって到達した決定は、全員参加で到達するであろう決定と近似的なはずだという一種のフィクションで成り立っていますから、民意がどこにあるかをつねに探りながらすすめる必要があるのです。

選挙で民意がしめされたのだから、あらためて住民投票する必要はないというのは、間接民主主義者のよく使う論理ですが、七四ページで述べたように、選挙での公約はパッケージでしめされますから、原発立地は是か非かといった単一争点についての民意がしめされたわけではありません。

つぎによく聞かれる批判は、地域エゴだというものです。原子力発電所や大規模公共事業は全国的な視野から判断すべきものであって、それを住民投票によって決めることになれば、地域のエゴによる判断を許すことになるというものです。

しかし、原子力発電所などは、地域の生活や未来を一変させてしまうような重大なことがらですから、国政の観点だけから判断するのではなく、地域の十分な理解を得て決めるべきものです。福島の原発事故では、地元に対して原子力発電所のリスクをどこまで説明していたのか疑わせることになりました。国政の観点から協力をお願いしても、地域の理解が得られないのであれば、おこなうべきではありません。

行政学者の竹下譲《ゆずる》先生によると、イギリスでは「パリッシュ」とよばれる市町村のなかのコミュニティに自治権限があり、市町村や県が都市計画をつくったり、施設をつくる場合には、パリッシュに相談しなければならないことになっています。しかも、パリッシュの意思決定をする議会には、住民は誰でも出席し、発言ができるし、住民総会も開かれるそうです。

地域の将来を左右するような施設をつくるのですから、国政の観点からだけですすめるのではなく、地域の側の視点からも議論が十分に尽くされ、両者の視点を総合して合意のもとですすめなければならないと思います。とすれば、住民投票で民意を確かめることも重要ではないでしょうか。

もう一つの有力な批判は、住民には十分な判断能力がないのではないかというものです。原子力発電所などでは、反対派が住民の不安をいたずらにあおるから住民投票では冷静な判断ができないなどと言われていました。福島の事故がおこってみると、むしろ反対派の主張していた不安がたいへんまっとうなものであったことが明らかになりましたが、感情的に判断することがよいことでないことも事実です。

しかし、住民投票についての今井先生の報告を読むかぎり、住民は、地域の将来について難しい判断をゆだねられたからにはたいへんよく勉強するということがわかっています。民主主義をかかげる以上、客観的な判断材料を十分に提供して、判断は主権者にゆだねるべきではないでしょうか。私たち住民が、主権者としての自覚をもって、よく学習し、よく考えて判断することが大切であることは言うまでもありません。

第６章
政策はどう決まり、どう実施されるか

予算は一年度間の政策をあらわす

自治体は行政サービスのためにさまざまな活動をおこないますが、そのためには、お金が必要になります。たとえば、保育サービスを提供するためには、建築会社にお金を払って保育所になる建物を建て、保育士さんを雇って給料を払わなければなりません。このような自治体の経済活動のことを財政といいます。財政とは政府の経済活動のことで、とくに自治体の経済活動をさすときは地方財政といいます。

自治体の財政は、すべて予算という文書に盛りこんで決定されます。予算は、四月から翌年の三月を「会計年度(財政上の一年、これに対して暦のうえでの一年を暦年《れきねん》)」として、年度単位につくられます。予算は、一会計年度の財政収支の見積《みつ》りです。一会計年度の収入を歳入《さいにゅう》、一会計年度の支出を歳出といいます。

お金がなければ行政サービスができませんから、どのようにお金をつかうかということと、どのような政策をおこなうかということは、ほとんど同じことなのです。ですから、どのような政策を実施すべきかについては、予算をつくっていく過程で決定されていきます。自治体の予算は、一年度間にどんな政策をおこなうかを財政面からあらわしたものでもあるのです。

財政、つまり必要なお金をどのように調達してどのようなことにつかうのかについては、民主主義によって決められなければなりません。予算は、まず首長が、翌一年度間にどのような費用が発生し、それをどのような収入でまかなうのかを見積もって、予算をつくり（じっさいは、行政職員が案をつくり、首長が決定します）、議会に提出します。予算をつくることを一般には予算編成、法律上は「予算の調製」といいます。予算の調製権は、首長に専属するものと解釈されています。

ある行政サービスをおこなおうとするとき、それに要するお金を予算上で確保しなければなりません。予算上、ある行政サービスをおこなうことを「事業」、ある事業につかわれる収入をその事業の「財源」、ある事業をどのような収入でまかなうのか決めることを「充当《じゅうとう》」といいます。予算調製とは、歳入を見積もり、それをどの事業に充当するかを決めていく作業です。事業で出ていくお金のほかに、人件費や庁舎の光熱水費など自治体の運営経費がかかるので、それらを見積もって歳出予算が決まります。歳入の見積りと歳出の見積りは同額でなければなりません。

議会は、首長の提案説明を聞き、質疑、討論をへて、採決します。議会が予算を修正したり、否決することもありますが、いったん議決されると、首長は予算にしたがって支出する権限を得ます。予算にない支出や予算をこえる支出はできないことになっていますから、それによって、お金のつかいみちと首長の政策執行を議会が統制しているわけです。

じつは、予算は、財政を民主主義で決めるしくみであるとともに、政策を民主的に決めるしくみにもなっています。

予算を執行した結果は、議会の「認定」を受けなければなりません。お金の出し入れの責任者である会計管理者が、会計年度ごとに予算の執行の結果を「決算」という書類にまとめて首長に提出し、首長は、監査委員の審査意見書など必要な書類を添えて、決算を議会に提出しなければなりません。議会は、計算に誤りがないか、支出は妥当かなど決算を審査し、議決をもって認定します。決算が認定されなかった場合、執行の結果に法的な影響をおよぼすものではありませんが、政治的な責任が発生します。

意見・要望は声に出す

みなさんの通う市立中学校の体育館が老朽化《ろうきゅうか》して、雨漏《あまも》りがひどくなり、建て替えの必要がでてきたとしましょう。これを例に、われわれの意見や要望がどのように政策になり、実施されるのか、考えてみましょう。

学校の体育館は学校が管理していて、その責任者は校長先生です。学校では、校舎や体育館などに傷んだところがないか、常日頃から点検していますから、きっと体育館の雨漏りにも気がついていると思います。学校は、教育委員会をつうじて、修繕《しゅうぜん》または建て替えの要求をしているはずです。でも、学校がなんとかしてくれるだろうと考えるのではなくて、みなさんも、雨漏りに気がついたら、まずは体育館の管理の責任者である学校に訴えなければなりません。誰でも気がついた人が声を上げるのが、民主主義のやり方です。

教育委員会がなんとかしてくれるだろうと待っているのも、あまり民主主義のやり方らしくありません。保護者のみなさんや、体育館を放課後利用している地区のみなさん、あるいは卒業生などを動かして、市長、議員や担当職員などできるだけ多くのチャンネルをとおして、雨漏りしているから建て替えてほしいという要望を自治体に伝えるのがよいでしょう。みなさんも生徒会などで意見をまとめて、首長や議会に要望することもできます。これが、七九ページで述べた請願・陳情です。

みなさんの体育館建て替えの要望は、このようにして、市長、議員、教育委員会、担当の行政職員のそれぞれに届きます。市長や教育委員会は、検討すべき要望だと考えれば、担当の行政職員に検討を指示します。議員は、検討すべき要望だと考えれば、市長や教育委員会にそれを伝えるほか、議会で発言し、ほかの議員の賛同を求めます。

要望を受けて市長がすぐに検討を指示することもありますが、自治体の予算はかぎられていて、そのなかでたくさんの意見・要望にこたえていかなければならないので、すぐに意見・要望がとりあげられることはめったにありません。すると議員は議会などで、○○中学校の体育館は老朽化して雨漏りしている、すぐにも建て替えるようにと「質問」をしたりします。そのとき市長が検討の必要があるなどと「答弁《とうべん》」すると、検討すべき政策課題となります。

議会で議員が発言する機会は、提案された議案に関するものとして質疑と討論がありますが、一般的な発言の場としては「一般質問」(政策一般について首長や行政委員会の考えを質問する)になります。政策についての意見や要望を述べる場合も、私はこう考えるが首長はどう思うか、といった質問の形をとります。首長が質問に答えて発言することを「答弁」といいます。

教育委員会の職員は、学校の実情を把握するよう努力していますから、老朽化に気がついて、上司とも相談して、市長や議員が問題にする前に検討をはじめることもあります。市長の指示を受けたり、議会での議論を聞いて検討を開始することもあります。結局は、新しい政策の検討をまずはじめるのは行政職員です。

執行機関で優先順位を決める

担当の行政職員が検討を開始しても、要望どおりに建て替えられるとはかぎりません。おそらく担当職員は、修繕をした場合にいくらかかるか、建て替えであれば、どのようなやり方があってそれぞれいくらかかるか、何とおりかの案を考えだして、少ない費用で大きな効果のある案はどれか(費用対効果)を検討し、一つの案にしぼります。

自治体は、やらなければならない仕事はたくさんあって、使えるお金はかぎられています。国や自治体は、お金をたくさんもっているようにみえます(じっさいに市町村の予算の規模は何十億円、何百億円とかになりますから、多額ではありますが、もとはといえば私たちの払った税金なのですから、かぎりがあるのです。そこで、必要な事業のなかで優先度が高いと考えられるものから、予算に盛りこんでいくのです。

まずは、教育委員会のなかで優先順位が検討されます。教育委員会のつかえる予算の規模があらかじめしめされているので、そのなかにおさまるように調整されます。耐震化など生徒の安全に関することがまずとりあげられるでしょう。雨漏りも、体育館が使えなくなって教育にさしつかえが出ているということで、優先度が高く判断されるかもしれません。ほかの学校の修繕などの要求と比較して優先順位が高いと考えられれば、「財政課」(首長を補佐して自治体の予算をつくる担当課)に「予算要求」がされます。

財政課では、その自治体全体の予算要求をみて、優先順位を決めます。まず翌年度どのくらいの歳入が見込めるかを検討して、政策につかうことのできる「財源」の総額を決めます。これを一般に「予算フレーム」とよんでいます。

つぎに、財源を何につかうか、優先度の高い順に決めていきます。たとえば保育士さんの月給のように、行政サービスの費用などでどうしても支出しなければならないものはたくさんあるので、まずこれに財源を「充当」していきます。

通常のサービスの費用である「経常的な経費」だけで財源がなくなってしまって、施設の建て替えのような「投資的な経費」にまで回らないこともあります。財源が不足するので、当座の修繕でがまんするということになるかもしれません。

財政課の判断は、市長の判断をへて予算になります。担当の教育委員会が財政課の判断に不満がある場合は、教育委員会から市長に説明して議論する場（復活要求とよばれます）が設けられ、最終的には市長が判断します。このようにして、体育館の建て替えが盛りこまれた予算ができたとしましょう。

議会での議論と議決

つぎに議論の場は、議会に移ります。市長の責任でつくられた予算は、議会に提出されて議決を求められます。議員が支持していた事業が予算に盛りこまれなかった場合は、なぜ盛りこまれなかったのか、いつ実施されるのかなどと質問したりします。質疑、討論をへて採決され、出席議員の過半数が賛成すれば予算は成立します。

多くの自治体議会は、委員会制をとっているので、議案は、それぞれの委員会で手分けしてくわしく審議されます。予算に関する細部の議論は予算決算委員会でおこなわれ、全議員の出席する本会議でその結論を報告したのち、質疑、討論、採決とすすむのが一般的です。

世間ではよく「議会は追認《ついにん》機関だ」などと言われるので、首長のつくった予算がそのまま可決されているかのような印象をもつ人も多いのですが、じっさいには、議会に否決されるような例もあるのです。三重県では、合併後のある町で翌年度の予算がまるごと否決されてしまうということがありました。合併をすすめた町長に対する反対派が、議会で多数を占めたためです。七八ページにあげた松阪市の事例では、図書館の改修とその後の運営を一体的に発注するＰＦＩという方式を検討するために、必要な委託料を含んだ予算を提出しましたが、委託料の部分を減額して修正可決したのです。

地方自治を考えるときに、議会はじつは大きな力をもっていることを忘れてはいけません。

予算の執行

予算が議決されれば、その予算をつかって政策を実施しなければなりません。工事の契約をしたり、工事を監督して完成させ、お金を払ったりする仕事を、「予算の執行」といいます。

体育館の建て替えが決まると、担当職員は、まず設計に入ります。設計会社に委託して設計する場合もあります。設計は、工事のくわしい中身とそれに必要な金額の積算からなります。

設計ができたら、工事を発注する仕事にかかります。自治体の契約は、金額の低いものなどは別にして、原則として、入札《にゅうさつ》によらなければなりません。予算の執行には、効率の要請とともに、受注機会の平等が要請されているからです。入札とは、受注を希望する会社が契約したい金額を書いた札を入れて、予定価格内で一番低い金額をしめした会社を契約相手とする方式です。あまりに低い入札だと、その金額でほんとうに工事ができるのか不安があるので、最低制限価格を設けて、それ以上で一番低い会社に発注する場合もあります。

工事の金額が大きい場合には、契約をしてもいいかどうか、議会の議決が必要な場合があります。入札して契約相手が決まったら仮契約を結んでおいて、議会に提案して議決を受け、その後正式に契約します。工事の契約が結ばれたら、受注した会社は工事にかかりますが、市役所の担当者は工事を監督し、工事が完成したら設計どおりにできたかどうか「完成検査」をおこなって、ようやく使えるようになります。

新しい行政サービスは住民の声から

先にあげた体育館の雨漏りの例は、学校に体育館が必要だということは確立された政策になっていて、その大きな方針を前提として、個別の整備・改修が検討されるケースです。しかし、私たちの生活は変化していくので、新しいニーズが出てきて、新しい行政サービスが必要になってきます。

そのような場合に、われわれ住民はどのようにすれば、新しいサービスを実現できるのでしょうか？

それを考えるうえでのよい例が、学童保育です。

いまでこそ、学童保育は行政サービスになっていますが、ほんの二〇年ほど前までは、状況がまったくちがっていました。小学校に上がるまでは、保育所による保育サービスがありますが、小学校に上がると、教育サービスの対象となって、保育サービスの対象にはされていなかったのです。小学校低学年では放課後の保育が必要なので、両親が働いている家庭などから学童保育の要望が出されていました。しかし、当時の厚生省は、学童は保育サービスの対象としていない、文部省は教育サービスが仕事だといって、要望を受けつける官庁さえないような状態だったのです。

私の住んでいる三重県津市で最初にスタートしたのは、学童保育「くるみ会」で、一九六六年に小学校の空き教室を利用して発足しました。切実な願いに突き動かされた親たちが中心になって、それに学校も協力して実現したのです。その費用は保護者の会費でまかなわなければなりませんでしたから、学生三人と母親一人の指導員が三〇名の子どもたちを保育するというボランタリーな体制ではじまりました。くるみ会につづいて、私の住んでいる校区の「ひまわり会」など、学童保育の輪が広がっていったのです。

そのように現実のニーズがあることが明らかになってきたので、津市役所でも、小学校の敷地の一角にプレハブづくりの学童保育所を用意するなどの支援をはじめました。津市にかぎらず、都市部ではたいへん切実な問題でしたので、保護者による共同保育という枠組みで、学童保育が全国的に広がっていきました。

一九六七年には、全国的な学童保育連絡協議会ができ、そのよびかけにより、制度化を求める運動が展開されていきました。一九八五年には国会で請願が採択され、一九九七年の児童福祉法の改正によって、一九九八年四月から「放課後児童健全育成事業」として、ようやく行政サービスとして位置づけられたのでした。二〇一四年五月一日時点では、放課後児童クラブ数は全国で二万二〇八四ヵ所、登録児童数は九三万六四五二人になっているそうです(厚生労働省雇用均等・児童家庭局育成環境課調べ)。

民主主義は、言論でものごとを決するしくみです。新しい行政ニーズを自治体の政策にするためには、問題に気づいた人が、その必要があるという意見・要望をはっきりと声に出すことからはじめなければなりません。一方、大きな声は政策議論の場に届きやすいのですが、一人一人の小さな声は、なかなか届きにくいのも現実です。学童保育の場合は、ニーズをかかえて困っている人たちが、共同して自分たちでサービスをはじめました。まず、そのような行動によってニーズの存在を訴えるとともに、同じように困っている人たちと協力して政治運動をおこしていきました。

民主主義では、一人一人の力は小さいのですが、多数の一致した意見はとても強いのです。学童保育の場合、保護者自らによる運営がはじまったころには、一部の政党が支援していただけだったのですが、一九八五年に一〇〇万人以上の署名を集めて国会に請願されるにおよんで、国会は採択することになりました。

第7章

自治体財政は
どうまかなわれているか

どんな政策をしているのか

先に、どのような行政サービスをどのような負担でおこなうかについての決定を「政策」と定義しました。また、自治体の予算は、どんな政策をおこなうかを財政面からあらわしたものだとも言いました。ですから、具体的に自治体がどんな政策を実施しているのかは、その予算、あるいはその執行の結果としての決算を見るとわかります。

最近では、どの自治体も、予算や決算のくわしい情報がホームページで公表されています。表2は、ホームページからダウンロードした三重県と鳥羽《とば》市の目的別の歳出決算額を比較したものです。

自治体の政策は、その目的で大まかに三つに分類することができます。

一つは、地域社会の秩序を維持し、私たちの安全・安心を守るための仕事です。これを「秩序維持サービス」とよびましょう。警察費と消防費がそのための支出ですが、警察は都道府県の仕事、消防は市町村の仕事と決められているので、警察費は三重県だけ、消防費は鳥羽市だけで決算されています。それぞれ決算額の五％ほどを占めていま

表2　三重県と鳥羽市の目的別歳出の比較（2013年度一般会計決算）

区分	三重県		鳥羽市	
	決算額（百万円）	構成比（%）	決算額（千円）	構成比（%）
議会費	1,455	0.2	145,767	1.4
総務費	47,364	6.7	1,660,221	15.6
民生費	96,315	13.6	2,973,134	27.9
衛生費	26,607	3.8	1,527,857	14.3
労働費	6,780	1.0	-	-
農林水産業費	46,950	6.6	406,378	3.8
商工費	9,487	1.3	404,148	3.8
土木費	90,769	12.8	870,300	8.1
警察費	35,921	5.1	-	-
消防費	-	-	491,340	4.6
教育費	163,419	23.1	777,300	7.3
災害復旧費	10,406	1.5	6,009	0.1
公債費	111,653	15.8	1,288,072	12.1
諸支出金	60,313	8.5	105,241	1.0
歳出合計	707,439	100	10,655,767	100

三重県「平成26年度第2回三重の財政」、鳥羽市「平成25年度決算の概要」にもとづき作成

す。台風や津波など自然災害から私たちを守るための対策は、堤防をつくるなど防災施設面の対策は土木費で、避難訓練や災害備蓄などは総務費で決算されています。

第二に、地域経済を支えて産業をさかんにするための政策をおこなっています。産業基盤の整備など経済活動への支援を「経済関係サービス」とよびましょう。農林水産業は、かつて私たちの暮らしの大きな部分を

占めていました。製造業が発達するにつれて、産業としてのウエイトは相当に減ってしまいましたが、いまでも私たちの環境や文化になくてはならない機能(多面的機能といわれます)をはたしているので、用排水路の管理や農業の近代化のために補助金を出したり、後継者の育成を支援したりして、産業としての健全性を保つための仕事をしています。農林水産業費は、そのための費用を支出しています。

二次産業、三次産業向けの支援のための支出が、商工費です。都道府県も市町村も、企業誘致に力を入れているので、そのための費用も含まれています。農林水産業費と商工費をあわせると、三重県も鳥羽市も七、八%程度を占めています。港湾や幹線道路は、産業基盤としても重要なのですが、それは、土木費から支出されています。

第三に、私たちの暮らしを支えるための教育サービスや福祉サービスなどを提供するための費用が決算されています。これを、人々の生活をサポートするための「社会関係サービス」とよびましょう。主に、民生費(社会福祉のための経費)、衛生費、教育費がそのための支出で、三重県は約四割、鳥羽市は半分近くを占めていることがわかります。

教育サービスのために支出される教育費をみてみると、三重県では、決算額の四分の一近くを占めるのに対して、鳥羽市では一割にもなりません。これは、市町村立小中学校の先生は、都道府県教育委員会によって任命され、給与も都道府県が支払っているためです。市町村の教育費の支出は、主に施設・設備費です。

小中学校教職員の服務は、市町村教育委員会の監督下に入ることになってはいますが、懲戒権《ちょうかいけん》は都道府県教育委員会にあり、人事権のない市町村教育委員会の方針に先生方がどこまで注意をはらうのかは疑問です。このような制度をとる理由は、小中学校教職員の給与は義務的経費で多額なので、財政力が安定している都道府県の負担としていると説明されていますが、費用の負担と任命権は切り離すことができます。優秀な教職員の安定的な確保と、広域人事による適正な教職員配置のためだとも説明されていますが、人事交流の制度などを工夫すれば対応できることで、一般の行政職員は各市町村で採用していることとつじつまがあわないような気がします。なぜこのような変則的な制度をとるのか、私は疑問に思っています。

直接行政サービスに使われない予算として、自治体の組織を維持する費用があります。主に議会費と総務費がそれにあたります。けっこう多額の支出がされていますが、これには民主主義のために必要な費用が含まれているので、単純に少なければ少ないほどいいといったことではありません。また、公債《こうさい》費というのは、過去の財源として借金をしたその元利《がんり》返済の費用です。

どんな政策手段があるのか

自治体の政策は、その手段で分類することもできます。行政目的を達成するために、大きく五つの手段が考えられます(表3)。

古くからある手段は、みんなが必要とする公共的な施設を整備して住民の利用に供することです。道路や橋がその典型で、自治体がつくって、住民に自由に利用してもらいます。スポーツ施設や文化施設は、個人的な趣味に使われることも多いのですが、スポーツをしたい人、音楽や演劇を楽しみたい人が個人的につくることは無理ですし、料金だけで施設費をまかなうことになれば、お金持ちしか文化やスポーツを楽しむことができなくなってしまいます。そこで、みんなで負担して施設をつくり、安い料金で利用できるようにしています。そのことによって、スポーツや文化をさかんにして、みんなの生活を豊かにしようとしているのです。

二つめは、現物としてのサービスの提供です。一〇ページで、自治体の活動はすべてサービスとしてとらえることができると言いましたが、ここでいうサービスは狭い意味です。教育サービス、育児サービス、介護サービス、ゴミの収集処理サービスなどを、直接必要な住民に届けることによって行政目的を達成します。

三つめは、補助金など金銭の給付によって、住民や団体の好ましい活動を援助・促進しようとするものです。従来は、たとえば、観光協会といった公的な団体に対して観光キャンペーンなどの事業費や団体の運営費の一部を補助するものが主だったのですが、最近の鳥羽市では、市内に住宅を新築・購入した人に定住応援事業奨励金《しょうれいきん》を交付したり、新たに子どもが生まれた世帯に対して三万円（一〇〇〇円券×三〇枚綴《つづ》り）の「とばっ子子育て応援券」を発行したり、高等学校の通学費・下宿費を補助したり、直接市民の暮らしを支援する事業が目立っています。

四つめは、イベントを実施したり、あるいは、住民によびかけたり、ＰＲをおこなうといった手法です。さまざまな方法が工夫されていますが、一まとめに分類しました。たとえば、住民の協力を得るための交通安全運動や環境キャンペーンなどです。健康づくり教室や子育て教室などの講習会を開くことも多くなっています。イベントは、自治体を内外にアピールするためにもおこなわれますし、住民が参加して一体感を高めるような催しもあります。イベントをつうじて、防火・防災あるいは環境などに対する住民

③補助金の給付	④イベント・ＰＲ	⑤規制
自主防災組織への補助	火災予防教室、交通安全運動	火災予防のための立入検査、交通取締り
漁協・農協の施設整備補助、企業立地補助、鳥獣被害防止資材購入費補助	観光キャンペーン、集客イベント	
定住支援補助	健康づくり教室、子育て教室	青少年保護育成条例

の意識を高めることもおこなわれます。ポスターや観光パンフレット、あるいはメディアを使ってのＰＲもさまざまに工夫しておこなわれています。

五つめは、法令や条例による規制です。たとえば、消防法は、火災予防のために必要があるときは関係のある場所に立ち入る権限を消防長、消防署長に与えていますから、この権限を行使して火災を予防しなければなりません。自治体には、法令によってさまざまな許認可の権限が与えられているので、これを適切に行使することによって地域の秩序を守ります。

自治体は、条例を制定することによって、地域独自の規制をおこなうこともできます。たとえば、青少年保護育成条例を制定して、青少年の健全な成長に有害な雑誌やソフトなどを未成年者に売ることを禁止することで、青少年の健全な成長を助けようとするもので

表3　政策の具体例

	①財の提供	②サービスの提供
A 秩序維持サービス	河川堤防、海岸堤防	消火サービス、救急搬送サービス
B 経済関係サービス	道路、橋梁、港湾、漁港	
C 社会関係サービス	上下水道、スポーツ施設、文化施設	教育サービス、保育サービス、介護サービス、ゴミの収集処理

す。ゴミのポイ捨てや路上喫煙を禁止するような自治体も増えてきました。

「政策」は、その自治体が達成したい目的と、それを達成するための手段の組み合わせとしてとらえることができます。表3は、政策の目的と手段をマトリックスに例示したものです。たとえば、交通秩序を維持して安全に交通できるようにするのは、目的ではAの秩序維持サービスに分類されますが、そのために、事故のおこりやすい交差点の改良をおこなうという手段は、①の財の提供にあたるので、A①と分類できます。交通安全のよびかけをするのはA④、交通法規を守らないドライバーを取り締まる方法はA⑤となります。事故の多い交差点に信号機を設置するのは、一見A①のようにみえますが、交通規制の手段ですからA⑤に分類するのがいいでしょう。

行政サービスにはさまざまな面があって、厳密に分類することは難しいのですが、このように何が目的か、どのような手段をとるのかと考えることが、政策の立案には役立ちます。

歳出決算から財政状況を見る

歳出決算を、自治体が財政的に苦しいかどうかを判断するという視点からみる際には、経費の性質的分類が役に立ちます。経費の性質は、大きく三つに分類されます。

一つは、義務的経費で、人件費、扶助費《ふじょ》、公債費《こうさい》がこれに分類されますが、短期的には支出が避けられない経費です。人件費は、公務員を雇っている以上、給与などの支出が避けられません。扶助費とは社会保障関係経費で、制度ができている以上は、給付しなければならないものです。公債費とは主に過去の借金の元利の返済で、借りたものは返さなければなりません。義務的経費は、とうぜん予算に組まなければならない費用ですから、これの比率が大きいということは、新たな政策に回すお金が少ないということになります。

最近は、どの自治体も、義務的経費の比率を下げるために、人件費を減らすよう努力しています。

たとえば、鳥羽市の性質別歳出の推移を見てみましょう(表4)。人件費は一〇年ちょっとのあいだに三分の二以下に削減されたことがわかります。仕事が減っているわけではなく、むしろ増えているなかでのことです。この表からは、扶助費が二倍くらいに増えていることもわかります。公債費も増えていますが、義務的経費の決算額は、かつての九割ちょっとに抑えられています。

十分な財源が確保できないなかで行政サービスの水準を維持しようとすると、人件費を削減するしかないのです。それをよいことのように言う人もいますが、行政サービスをおこなうためには人が必要ですから、公務員の数を減らしすぎると、行政サービスの質の低下につながる心配もあるのです。多くの自治体は、それまで公務員がやっていたサービスを民間に委託することによって人件費を減らそうとしているのですが、委託を受けた民間企業が人を減らしたり、雇用条件を下げたりすると、行政サービスの質の低下につながる可能性もあります。

二つめは、投資的経費です。道路や建物など、将来にわたって使えるようなモノをつくる費用は、「投資」と分類します。将来の住民にも負担してもらうのが公平だという

2012 年度	2013 年度 b	構成比 (2013)	伸び率 (b/a)
5,143,322	5,007,998	47.0%	91.2%
2,483,140	2,424,484	22.8	66.3
1,324,953	1,295,442	12.2	199.6
1,335,229	1,288,072	12.1	108.6
2,309,997	1,488,062	14.0	55.4
3,784,033	4,159,707	39.0	135.8
11,237,352	10,655,767	100	94.8

総務省 HP「決算カード」にもとづき作成

考え方で、財源を借金でまかなってもいいことになっています。道路や施設ができると、住民の生活が豊かになり、産業もさかんになるので、投資的経費の比率が多いことは基本的に好ましいと考えられます。しかし、利用度の低い文化ホールをつくるというような無駄な投資は避けなければなりませんし、後年度の維持費の負担についても検討しなければなりません。つくったときにはきれいだった公園が、手入れがされないために、かえって汚い印象をまちに与えているような例もよく見かけます。

表4では、投資的経費は、年度によってばらつきが大きいことがわかります。鳥羽市くらいの財政の規模だと、保育所を建てたりするとその年度の投資的経費が増えるからですが、長期的には減っていることもわかります。

表４　鳥羽市の性質別歳出の推移(単位：千円)

区分		2001 年度 a	2006 年度	2011 年度
義務的経費		5,494,014	5,162,023	5,267,307
	人件費	3,659,284	3,162,705	2,631,954
	扶助費	649,108	754,075	1,267,972
	公債費	1,185,622	1,245,243	1,367,381
投資的経費		2,688,219	1,712,913	1,877,295
その他経費		3,063,340	2,923,333	3,862,922
歳出合計		11,245,573	9,798,269	11,007,524

第三に分類されるのが、消費的経費で、あとにモノが残らないような行政サービスの生産のために使われる費用です。表４にある「その他経費」の大部分が消費的経費で、投資的経費とは対照的に、増加傾向にあることがわかります。かつて自治体は、道路や施設などの投資に少しでもお金を回そうとしていましたが、近年は教育、福祉予算の比重が増しています。若い家族は子育てのしやすい地域に住む傾向がはっきりしてきたので、活気のある地域をつくるためにも、教育や子育て支援などの政策に力を入れる自治体が増えているのです。

政策との関係では、政策手段を選ぶと、そのために必要な経費の性質もあるていど決まってきます。財の提供という手段のためには、施設の建設のために投資的経費が支出されます。体育・文化施設などの場合は、建てた後で管理費用が必要になります。直接管理すれば人件費つまり義務的経費、管理委託すれば消費的経費として分類されることになります。

サービスの提供のためには、人的資源が必要になりますから、人件費が支出されます。保育所や学校のようにサービスのための施設が必要な場合は、その建設のために投資的経費が支出されることもあります。補助金の給付やイベント・PRの場合は、消費的経費の支出が主になりますが、そのための事務をおこなうための人件費が必要になります。

規制という手段は、条例をつくったら住民がそれを守ればいいとすれば、一番お金がかかりそうにありません。しかし、通常は、条例を周知するためのPRとか、取締りが必要になり、そのための人件費や消費的経費が支出されます。

自治体の財政には限りがありますから、後年度の負担も考慮しながら、少ない経費で大きな効果をあげるような政策手段を選択することが大切です。

どんな収入があるのか

政策をどのような負担でおこなっているのかは、予算でどのような財源が充当《じゅうとう》されているのかを見ればわかります。では、自治体の財政は、どのような収入でまかなわれているのでしょうか。

地域のことを地域で決めることが地方自治であれば、その費用をどのように負担するかは、どんなサービスをおこなうかとセットで、それぞれの自治体が決めるのが本来です。が、じっさいには、自治体のやっている仕事の大部分は国が法律や政令《せいれい》(国会が決める法が法律、内閣が決める法が政令で、各省が決めるのが省令です。これら国の法をひっくるめて「法令」とよびます)で決めているのです。そのために、国が自治体の仕事に必要な財源を保障することを基本に自治体の財政制度ができています。

この本の最初に、市町村や都道府県がどのような仕事をしているのかを紹介しました。自治体の仕事なのに、全国一律に説明できるのは、不思議なことではないでしょうか。じつは、自治体の仕事の大部分を、国が法令で決めているから、どの自治体もほぼ同じ仕事をしているのです。国は、国、都道府県、市町村のあいだで、表5のような役割分担を決めています。

自治体の収入のなかでも一番重要なのは、地方税です。住民は、所得の一割を住民税として納めるほか、土地・家屋《かおく》を所有していれば固定資産税を納めなければなりません。

つぎに、一部の住民が受益するような事業では、サービスを受ける住民がその費用の

表5　国と地方の行政事務の分担

教　育	福　祉	その他
• 大学 • 私学助成（大学）	• 社会保険 • 医師等免許 • 医薬品許可免許	• 防衛 • 外交 • 通貨
• 高等学校・特別支援学校 • 小・中学校教員の給与・人事 • 私学助成（幼～高） • 公立大学（特定の県）	• 生活保護（町村の区域） • 児童福祉 • 保健所	• 警察 • 職業訓練
• 小・中学校 • 幼稚園	• 生活保護（市の区域） • 児童福祉 • 国民健康保険 • 介護保険 • 上水道 • ごみ・し尿処理 • 保健所（特定の市）	• 戸籍 • 住民基本台帳 • 消防

総務省 HP「地方財政関係資料」より

一部を負担します。保育サービスを受けると保育料を納めなければなりませんが、このように自治体から特定の人が利益を受ける場合に、その受益におうじて払うものを負担金とか分担金とよんでいます。体育館のように施設の利用のために払うものが使用料で、住民票の交付のようにサービスを受ける際に払うものが手数料です。

　行政サービスでは、通常、利用者は費用の一部しか負

分　野		公共資本
国		・高速自動車道 ・国道 ・一級河川
地方	都道府県	・国道（国管理以外） ・都道府県道 ・一級河川（国管理以外） ・二級河川 ・港湾 ・公営住宅 ・市街化区域、調整区域決定
	市町村	・都市計画等 （用途地域、都市施設） ・市町村道 ・準用河川 ・港湾 ・公営住宅 ・下水道

担しないことに注意しなければなりません。たとえば、鳥羽市の場合、九つの保育所を運営していますが、その費用は年間五億五〇〇〇万円ほどかかっています。それに対して、保育料など「児童福祉費負担金」の収入は七〇〇〇万円程度です。鳥羽市は、二人めからの保育料を無料としていてこれが約一〇〇〇万円に相当するので、これを加えても、保育料でまかなっているのは、保育サービスに必要な費用の一五％に達しません。必要な人誰もがサービスを受けられるというのが行政サービスですから、保育料は、利用者が負担できる水準に決められているのです。

国や都道府県にも責任のある仕事をすると、国庫《こっこ》負担金・都道府県負担金が入ります。

国や都道府県の政策にとって好ましい事業については、国庫補助金・都道府県補助金が交付されます。これらをあわせて「国県支出金」とよびます。

市では生活保護費の支給をおこなっていますが、その費用の四分の三は国が負担します。生活保護制度は、憲法第二五条が「すべて国民は、健康で文化的な最低限度の生活を営む権利を有する」と規定していることを受けて、生活に困った人に必要な保護をおこない、健康で文化的な最低限度の生活を保障するとともに、自立を助長することを目的としています。本来国の責任でやるべきことですから、その費用もとうぜん国が負担すべきものです。

義務教育の費用も、三分の一は国が負担しています。「公立義務教育諸学校の学級編制及び教職員定数の標準に関する法律」という長たらしい名前の法律(義務標準法と略されます)にもとづいて、何人先生が必要かなどが算定され、それにもとづいて給与などに必要な費用の三分の一を国が負担しています。四〇人学級というのは、「学級編制の標準」としてこの法律で決めています。一学年の人数が四〇人までは一クラス、四一人になると二クラスになります。都道府県によっては、三〇人学級など少人数学級をすすめているところもあります。余分に先生の数が必要になりますが、これは「県単加配」などとよばれ、自治体の持ち出しになるのです。

生活保護費の四分の一、義務教育費の三分の二は、自治体の負担になりますが、「地方交付税」によって財源保障されています。地方交付税とは、自治体の財政力を調整し、行政水準の確保に必要な財源を保障するために、国税の一定割合を地方に配分している交付金ですが、のちほどくわしく述べます。

「地方譲与税《じょうよ》」とは、国が国税として徴収した税金の一定割合を自治体に配分するものです。たとえば、自動車をもっていると車検のときなどに自動車重量税を国に納めますが、国は、その収入額の三分の一を自動車重量譲与税として、道路の延長と面積におうじて市町村に譲与します。

長期にわたって使われる施設などを建てるときには、その一部を借金でまかないます。自治体の借金を「地方債」といい、借金をすることを「起債《きさい》」または「地方債の発行」といいます。

財源として見た場合の収入

前節で説明した自治体の主な収入構成をまとめると、表6のようになります。収入を

表６　自治体の収入項目

	自主財源	依存財源
一般財源	地方税	地方交付税、地方譲与税
特定財源	分担金・負担金、使用料・手数料	国県支出金、地方債

行政サービスの財源として見た場合に、二つの分類方法があります。一つは、自治体自らが調達するかどうかで、自治体が自らの権限で収入とする「自主財源」と、国から交付されたり、割り当てられたりする「依存財源」とに分けられます。

もう一つは、収入の性質上使途に制限があるかどうかで、自治体の裁量でどのような経費にも充当できる「一般財源」と、特定の事業に充当すべき「特定財源」とに分けられます。国県支出金は、特定の事業の財源として交付されるものですし、地方債は、建設事業の財源として借り入れるものですから、特定財源です。分担金・負担金や使用料・手数料は、特定の行政サービスの費用を負担するものですから、それぞれの事業に充当すべき特定財源です。

これに対して、地方税、地方交付税、地方譲与税は、使途に制約がありませんので、一般財源に分類されます。政策設計の自由度は、どれほどの一般財源を確保できるかで決まりますから、一般財源と特定財源の区別はとくに重要です。したがって、自主財源で一般財源の地

表7　経常収支比率の推移（普通会計決算、単位：%）

年　度	2006	2007	2008	2009	2010	2011	2012	2013
都道府県	92.6	94.7	93.9	95.9	91.9	94.9	94.6	93.0
市町村	90.3	92.0	91.8	91.8	89.2	90.3	90.7	90.2
合　計	91.4	93.4	92.8	93.8	90.5	92.6	92.7	91.6

加重平均による。総務省 HP にもとづき作成

方税は、とくに重要な収入とされます。

一方、歳出との関係で見ると、人件費など支出が避けられない「義務的経費」に一般財源が出ていってしまえば、政策設計の自由度が減ります。政策設計の自由度を「財政の弾力性」といい、自由度がなくなっていることを「財政の硬直化」といいます。この弾力性をあらわしている指標が「経常収支比率」です。経常収支比率とは、毎年度経常的に収入とされる一般財源のうち、人件費、扶助費、公債費のように毎年度経常的に支出される経費に充当されたものが占める割合をいいます。経常収支比率は、七五%程度が望ましいとされてきたのですが、近年、自治体の財政はたいへん厳しい状況におかれていて、多くの自治体で経常収支比率が九〇%をこえています。これは、一般財源の大部分が義務的経費に充当されていて、政策設計の自由度がほとんどなくなっていることをしめしています。

地方財政計画で自治体全体の財源を確保

先ほど述べたように、本来国が国民に提供しなければならないようなサービス(たとえば義務教育)も、自治体をつうじて提供されていますから、全国どこに住んでいても一定水準の行政サービスが保障されなければなりません。

一方、自治体には、税収の豊かな団体と貧しい団体があります。自治体財政の豊かさ・貧しさをあらわす指標として「財政力指数」が使われます。私が暮らす三重県で二〇一三年度の決算を見てみると、四日市市近郊で中部電力の火力発電所が立地している川越町の財政力指数は一・一七なのに対して、私の生まれた南伊勢町の財政力指数は〇・二二です。国の考える標準的な水準の行政サービスを提供するために必要な一般財源の額に対して、川越町はその一・一七倍の税収などがありますが、南伊勢町では税収が不足して二割ちょっとしかないことを意味しています。このままでは、サービスに大きな格差が出てしまいます。そこで、標準的な水準の行政サービスを提供するために必要な一般財源の額を保障するしくみができています。

国が、自治体の財政力を調整し、財源を保障するしくみは、大きく二つあります。一つは、自治体全体の財源を確保するためのしくみとしての「地方財政計画」であり、もう一つは、確保した財源を各自治体に配分するしくみとしての「地方交付税制度」です。

地方財政計画とは、全国には約一八〇〇近くの自治体がありますが、それがもし一つの団体だったとしたら歳入・歳出はどのような額になるのか、を見積もった計画です。地方交付税法は、「翌年度の地方団体の歳入歳出総額の見込額に関する書類」を作成して国会に提出することを内閣に義務づけているので、これにもとづいてつくられるものです。毎年、国家予算と連動させてつくられて、翌年度の国家予算の政府案が国会に提出される二月頃に、翌年度の地方財政計画が閣議決定され、国会に提出されます。

歳入・歳出の見積りは、各自治体の決算などを足し上げるのではなく、国の予算編成から導き出される一種の「理論値」です。たとえば、給与関係費は、国の政策におうじた職員数と国家公務員を基準にした給与水準で算定されます。国は二〇〇六年に、国家公務員の数を五ヵ年で五・七％削減することを決め、各自治体に同率の地方公務員数の削減を要請しました。地方財政計画上の地方公務員数は、この要請にこたえたものとして計算されます。

また、国は、二〇一二年度から二年間、東日本大震災の復興財源を捻出《ねんしゅつ》するための特例措置として、国家公務員の給与を本来支給すべき額から七・八％カットしましたが、

表８　地方財政計画のイメージ（単位：兆円）

歳入 85.3				
地方税等 40.3	国庫支出金 13.1	地方債 9.5	その他 5.6	不足分＝地方交付税 16.8

歳出 85.3				
給与関係経費 20.3	投資的経費 11.0	一般行政経費 35.1	その他 5.9	公債費 13.0
都道府県庁・市町村役場の職員、警察官、消防職員、学校教職員の給与など	道路、港湾、河川・海岸堤防、農林産業の基盤整備、ごみ処理施設などの建設・改修	生活保護、児童福祉、ごみ処理、産業振興など	上下水道、公立病院、国民健康保険など	過去に発行した地方債の元利償還金

数字は2015年度地方財政計画のもの

このときも、自治体に対して同様の引き下げをするように要請があり、地方財政計画の給与関係経費は給与カットしたものとして計算されました。

その他の費目も、国の予算と連動していますから、すべての自治体が国の政策にしたがっているものとして計算されます。

地方財政計画では、歳出の見積りに対して地方税等の歳入が不足するのがふつうです。その不足分を地方交付税で補ってバランスさせるのです。つまり、地方財政計画で、地方交付税の総額を決めています。

地方交付税制度で財源を各自治体に配分

標準的な水準の行政サービスを提供するために必要な一般財源に税収などの不足する額を、個々の自治体に交付しているのが地方交付税制度です。地方交付税制度は、地方交付税法という法律によって決められています。

地方交付税法では、国が自治体に配分する交付税の総額は、国税の一定割合とされています。国税のうち地方交付税にまわす割合を「交付税率」といいます。二〇一五年度時点では、所得税の三三・一%、法人税の三三・一%、酒税の五〇%、消費税の二二・三%、地方法人税の全額と定められています。一方、地方財政計画で、全自治体で必要とする交付税総額が算出されますから、本来は、これにあわせて交付税率が決められるべきなのです。が、なぜか、交付税率はめったに改正されず、改正されても不足額にあわされないので、交付税率によって算出された総額は、地方財政計画上必要とされる交付税総額には足りなくなります。そこで、総務省と財務省の予算折衝《せっしょう》のなかで決められた「地方財政対策」によって補って、地方財政計画で不足するとされる額を地方交付税の総額としています。

交付税総額は、地方財政計画によって決まりますが、それをうまく各自治体に配らないと、総額では行政サービスに必要な財源を確保したのに、自治体によってはそれに不足するということになって、サービス水準にばらつきが出てしまいます。地方交付税制度は、総額で確保した財源をうまく各自治体に配分するためのしくみになっています。

各自治体の普通地方交付税の額は、「基準財政需要額」と「基準財政収入額」の差額です。基準財政需要額とは、その自治体が標準的な水準の行政サービスを提供するために必要な一般財源の額です。小学校費、中学校費、道路橋梁費《どうろきょうりょうひ》といったように、経費の種類ごとに算定します。各費目では、たとえば小学校費であれば、学校一校あたりいくら、一学級あたりいくら、生徒一人あたりいくら、というように算定します。人口一〇万人の市をモデルにどのような費用が発生するかを計算し、それをもとに学校あたりの費用、学級あたりの費用、生徒あたりの費用を決め、それに市町村の学校数などをかけあわせるのです。さらに、小さな町では割高についたり、寒冷地では暖房費が必要になったりするので、「補正係数《ほせいけいすう》」によって調整されます。費目ごとに計算した一般財源の額を合計したものが、基準財政需要額になります。

一方、各自治体が収入できるであろう地方税などの額を算定したものが、基準財政収入額です。基準財政需要額から基準財政収入額を差し引いて、普通交付税額が算出されます。三重県の川越町のように財政力が一・〇をこえる自治体は、基準財政需要額より基準財政収入額が多くなって、普通交付税は交付されません。このように、普通交付税の交付を受けなくていい自治体を「不交付団体」といいます。二〇一五年四月一日現在で、全国に一七一八の市町村がありますが、そのうち、二〇一五年度の不交付団体は五九だけです。

以上のように算定された普通地方交付税に加えて、特殊財政事情に配慮するために、特別地方交付税が交付されます。たとえば、多くの過疎地では、人口が減ったためにバス会社が撤退して市町村が過疎バスを走らせています。この費用は普通地方交付税の算定には反映されていないので、別に特別地方交付税として算定されています。

このようにして、全国どの自治体の区域に住んでいても、同じようなサービスを同じような水準で受けることができるようになっているのです。

多額の借金が自治体におよぼす影響

日本の政府は、国も自治体も多額の借金をしていることが問題になります。

財務省の資料によると、二〇一三年度末で、国が七七〇兆円、地方が二〇一兆円、合計九七二兆円の長期債務《さいむ》残高をかかえています。国際比較できるように世界共通の基準で集計した政府の一般総債務は、二〇一三年度末で一一七三兆円にのぼります。そのために、借金をなるだけしないように財政運営することが大切だという主張が強くなっています。しかし、自治体については、かならずしもそうではないと考えています。

まず、自治体が借金できるのは投資的経費に充当する場合だけと、地方財政法という法律で決まっています。学校の校舎や道路などは、長年使えますから、将来の住民にもその費用を負担してもらうのが公平だという考え方です。

一方、国の財政はたいへんきびしく、二〇一五年度の国家予算は、九六兆三四二〇億円ですが、うち三六兆八六三〇億円は国債(国の借金)でまかなっています。しかも、投資にあてる「建設国債」は六兆三〇億円だけで、三〇兆八六〇〇億円は税収の不足を補うだけの「赤字国債」です。歳出のうち、過去の国債の元利償還《がんりしょうかん》にあてる「国債費」が二三兆四五〇七億円にものぼっていますから、たいへんな赤字体質で、借金をしなくていいような財政運営に早く転換しなければならないというのはそのとおりなのです。

国がこのような状況ですから、二〇〇一年度から、本来ならば地方交付税として交付される額の一部を、各自治体が「臨時財政対策債」という地方債を発行してまかなうことになっていて、これは地方財政法の特例としての「赤字地方債」です。これを除いた地方債の残高は、毎年減っていて、二〇一〇年度の決算時点で約一一〇兆円だったものが、二〇一四年度決算では九七兆五〇〇〇億円程度になっています。臨時財政対策債は、赤字地方債だから発行しないにこしたことはないのですが、先に説明した地方交付税のかわりですから、これを発行しないと住民サービスに必要な一般財源が不足するおそれがあります。

じつは、自治体の借金も、地方財政計画のなかに組みこまれています。表8（一三六ページ）を見ると、歳入には地方債、歳出には公債費という費目があがっています。地方債の発行は、都道府県は総務大臣に、市町村は都道府県知事に協議をすることになっていて、地方財政計画と整合のある地方債は同意されます。そして、発行が同意された地方債は、後年度の元利償還金が地方財政計画に組みこまれるという制度になっています。とくに、臨時財政対策債は地方交付税にかわる財源ですから、後年度の元利償還金は、基準財政需要額に全額算入されることになっています。地方債は、自治体の判断だけで借りているのではなく、国の統制のもとにあるということです。

このように考えると、節度をもって財政運営をしていれば、地方債残高の増減に一喜《いっき》一憂《いちゆう》しなければならないということはありません。ただし、地方債は将来の住民が納める税金で返すものですから、その負担できる限度をこえて借金してはいけません。とくに気をつけなければいけないのは、国の財政がきびしいために、多かれ少なかれ地方財政にしわ寄せしてくる傾向があり、先に見たように、財政運営の自由度がほとんどなくなっていることです。

地方債を発行するということは、後年度の義務的経費を増やし、財政の自由度を減らすことを意味しています。臨時財政対策債の発行はしかたないとしても、不要不急の施設建設などはできない状態であることは確かで、将来の財政状況をよく見通して、後年度の負担を過度にしないことが肝要です。

第8章

国と自治体の関係はどうなっているか

自治権は国家の主権にしたがう

自治権とは地域をかぎった統治権なのですが、その上位に国全体を支配する国家の主権があり、自治体もそれに服さなければなりません。しかし憲法第九二条は、自治体に対してなんらかの規制をするためには国会の定める法律によらなければならないことと、その法律は地方自治本来のあり方に反してはいけないことを決めているので、無条件で国の権力にしたがうわけではありません。

近代民主国家は、どの国も地方自治を認めています。しかし、国家の主権と自治権との関係はさまざまです。イギリスでは、自治体のおこなう仕事は限定されていますが、国の仕事と自治体の仕事がはっきり分かれていて、自治体のおこなう仕事に国が口を出すことはありません。そして、住民自らが地域のことを決定していくという「住民自治」を重視しています。この類型を「英米型」とよびならわしています。

それに対して、ドイツやフランスでは、強力な統一国家をつくる手段として国から独立した地方団体を創設して地方行政を営ませたという経緯があり、地方団体の独立性は尊重されますが、国家行政のための末端機構としての性格をもたされています。この「団体自治」重視の類型を「大陸型」とよびならわしています。

日本の場合は、明治時代にできた地方制度の基本が、現在の制度に引き継がれています。明治政府の一番の目標は、欧米列強に対抗できるような近代国家をつくることでした。そのためには、強力な中央集権国家のもとに国民や地域社会を一つにまとめていく必要がありました。そのため、ドイツをお手本にした地方制度がつくられ、いまもその基本は変わっていません。だから、日本は大陸型に属します。

明治政府が近代国家をつくっていくためにまず必要になったのは、人々を国民として把握するための戸籍《こせき》制度と国民教育でした。それら近代国家として必要になった仕事の多くを、市町村(最初はまだ江戸時代のまち・むら)にやらせました。戦前までの都道府県は、市町村を統制するための国家の地方機関という性格が強く、完全な自治体ではありませんでした。

一八七二(明治五)年には、「学制」が公布されて小学校を全国に設けることになり、一八七五(明治八)年には、二万四〇〇〇あまりの小学校で一九〇万人あまりの児童が学んでいました。しかし、明治政府は町や村に命令しただけで、小学校の教育は、町村が

図10　長浜旧開知学校

費用も自弁《じべん》でおこなったのです。

　三重県鳥羽市には小学校が九つありますが、中心部にあった鳥羽小学校は一八七三(明治六)年の開校ですが、離島にある神島《かみしま》小学校、桃取《ももとり》小学校、答志《とうし》小学校、菅島《すがしま》小学校は、いずれもお寺の建物を利用して一八七六(明治九)年に開校しています。一方、北国《ほっこく》街道沿いに発展し、「黒壁《くろかべ》スクエア」で有名な滋賀県長浜市には、「開知《かいち》学校」という一八七四(明治七)年にできた立派な校舎がいまも残っています。この差は、町村の財力の差がそのまま出たものです。

　一八八八(明治二一)年には市制町村制(「市制」と「町村制」の二つがセットになった法律)が制定され、それにもとづいて現在の市町村ができて、日本の地方自治制度の原型ができました。

　行政学者の高木鉦作《しょうさく》先生は、明治の地方自治とは、中央政府が自治体に分任、すなわち委任した事務の処理に人民が参与し、その経費を負担することであって、中央省庁が決めた施策の内容を指示された方式にしたがって自治体が処理していたと言っています。この「官治《かんち》のもとの自治」の「仕事の体系」は、戦後改革によっても自治の体系に変革されなかったために、現在の自治体は、制度上は自主自立の自治体に転換したが、中央政府から複雑かつ多元的拘束《こうそく》を受け、自主的な行動を制約されていると言います。

財政面では、当初は、すべての経費を市町村で負担し、それを主に財産収入などでまかなう制度が基本になっていました。その後、義務教育の財政負担に耐えられなくなった町村の運動などによって、地方行政のための費用をまかなうことができるように、義務教育費の国庫負担制度などが整えられるようになりました。

一九四〇(昭和一五)年には、国と地方をつうじた大幅な税財政改革がおこなわれ、義務教育費の経費負担区分や地方税制度を定めるとともに、包括的な地方財政制度として地方分与税《ぶんよ》の制度ができました。行政学者の小原隆治《こはらたかはる》先生は、この改革によって、地方財政が国家財政に依存するようになり、それなしには地方行政を運営できない体制が確立したと言っています。また、このような地方税財政のしくみは、今日まで基本的に受け継がれていているとみていいと言います。

両先生の指摘のとおり、明治の地方制度の基本的な部分は戦後の地方自治制度に引き継がれ、現在においても自治体は、国の地方行政を処理する末端組織としての性格をもっているといえます。

たとえば、道路行政を考えてみると、都道府県道、市町村道を含めた道路ネットワーク全体の政策を、「道路法」という法律で決め、道路の統一した規格を「道路構造令」という政令で決めています。国の道路政策は、国土交通省が担当していますが、法令をつうじて、都道府県や市町村の道路行政も含めて、その方向を決めているのです。また、道路の建設や修繕に必要な経費の一部を補助金として交付したりもしています。そのように政策決定は集権的なのですが、実施の段階になると、国道であっても都道府県が管理していたり、自治体の役割が大きくなっています。国家行政をになう地方自治制度という性格は、明治以来一貫しているといえましょう。

下から上への政治、上から下への行政

このような地方自治制度のもとで、日本の中央政府と地方政府の関係にはどのような特徴があるのかについては、いくつかの分析があります。たとえば、高木鉦作先生は、

前述のような分析をもとに「分権による集権」とよんでいます。

財政学者の神野直彦《じんのなおひこ》先生は、決定は中央政府が集権的におこなっているが、実施は地方政府が分散的におこなっていることに着目して、「集権的分散システム」とよんでいます。

政治学者の天川晃《あまかわあきら》先生は、中央・地方政府間関係を、自治体の意思決定が自律的かどうかと、国と自治体でその仕事が分離されているか融合しているかということで、「集権—分権」と「分離—融合」の二つの軸をつくって分析しています。この分析で、相互に一体となった政策を国の統制のもとで都道府県も市町村も実施する日本の政府間関係を、「集権・融合型」としています。

かりにイギリスの中央・地方政府間関係をこの二軸で分析すれば、役割がはっきり分かれていて、国が地方の仕事に口を出さないので、「分権・分離型」に分類されるはずです。つまり、日本はイギリスと対照的な政府間関係になっていることが明らかになります。

また、政治学者の村松岐夫《みちお》先生は、国の政策が決まる過程では、地元選出国会議員を中心にした政治家集団が地域的利害を中央の意思決定に反映させせようと活躍していることに着目して、政治の面では地域間の競争になっていると言います。つまり、行政は、中央省庁が地方政府を統制する「垂直的行政統制モデル」になっているが、政治面では、地方間の競争が中央の政治を突き上げる「水平的政治競争モデル」になっている、という興味深い指摘をしています。

民俗研究家の結城登美雄《ゆうきとみお》先生は、明治のはじめには日本の人口はおよそ三〇〇〇万人で、その九割にあたる二七〇〇万人は小さな村で暮らしていたのであって、近代日本は小さな村の集まりからはじまったと指摘しています。

「村の自立的連合体として近代日本はスタートし」たが、「原型としての村は戸数・人口ともに減少したとはいえ、なお集落として生き残っている」という結城先生の主張と、村松先生の「水平的政治競争モデル」とをあわせて考えると、地域の運動が国の政策を動かしていく下から上への政治の流れがあると理解できます。同時に、中央官庁が都道府県庁や市町村役場を統制する上から下への行政という流れがあって、その二つのベクトルが併存《へいそん》するところに、日本の中央・地方政府間関係を理解する鍵がありそうです。

国の政策決定について地域からの政治的圧力がはたらいているとしても、国の統制によって地方自治の自由度がいちじるしく低いという現実が、少なくとも最近までありました。なんと「機関委任事務」という制度があって、都道府県知事や市町村長が、国の仕事を委任されて、大臣の指揮下におかれていたのです。

高度成長時代には、全国一律の政策をおこなうことにも意味があったのですが、成長をはたして成熟社会に入っていこうという時代になると、豊かな社会を築くには地方自治が重要だという認識が一般的になりました。

一九九三年には、東京への一極集中を排除して、国土の均衡《きんこう》ある発展をはかるとともに、国民が待望するゆとりと豊かさを実感できる社会をつくりあげていくために、地方分権を積極的に推進するための法制定をはじめ、抜本的な施策を総力をあげて断行《だんこう》していくべきであるという趣旨の、地方分権推進の国会決議が衆議院、参議院それぞれでなされ、それからは、地方分権をすすめることが国の課題であるという認識が、広く共有されるようになりました。

一九九五年には「地方分権推進法」が制定され、この法律にもとづいて、地方分権推進委員会が発足しました。同委員会は、国の省庁とも精力的に意見交換し、一九九六年一二月の第一次から一九九八年一一月の第五次まで、五回の勧告を政府におこないました。政府は、それを受けて地方分権推進計画をつくって地方分権を推進するとともに、分権をすすめるために必要な法律改正を一つの法律にまとめた「地方分権一括法」を国会に提出し、同法は一九九九年七月に成立し、二〇〇〇年の四月から施行されました。

この分権改革のなかでも、とくに重要なのが、機関委任事務の廃止です(図11)。

機関委任事務は、自治体がおこなっていたのに、国の事務とされていました。国の事務処理を、知事や市町村長に委任して執行させるという形をとっていたので、機関委任事務の最終責任者は各省大臣で、委任を受けて国の事務を執行する首長は、大臣の指揮監督にしたがわなければならないことになっていたのです。じっさいには自治体がおこなっているのですから、その執行に必要な費用は、自治体の予算に盛りこまれて議会の議決を受けなければなりませんでしたが、それ以外には、議会の権限がおよばないものとされていました。

このような変則的な制度ですから、批判も強かったのですが、地方分権一括法の施行によってようやく廃止されたのです。

まず、自治体が処理する事務は、すべて自治体の事務となりました。自治体の事務は、

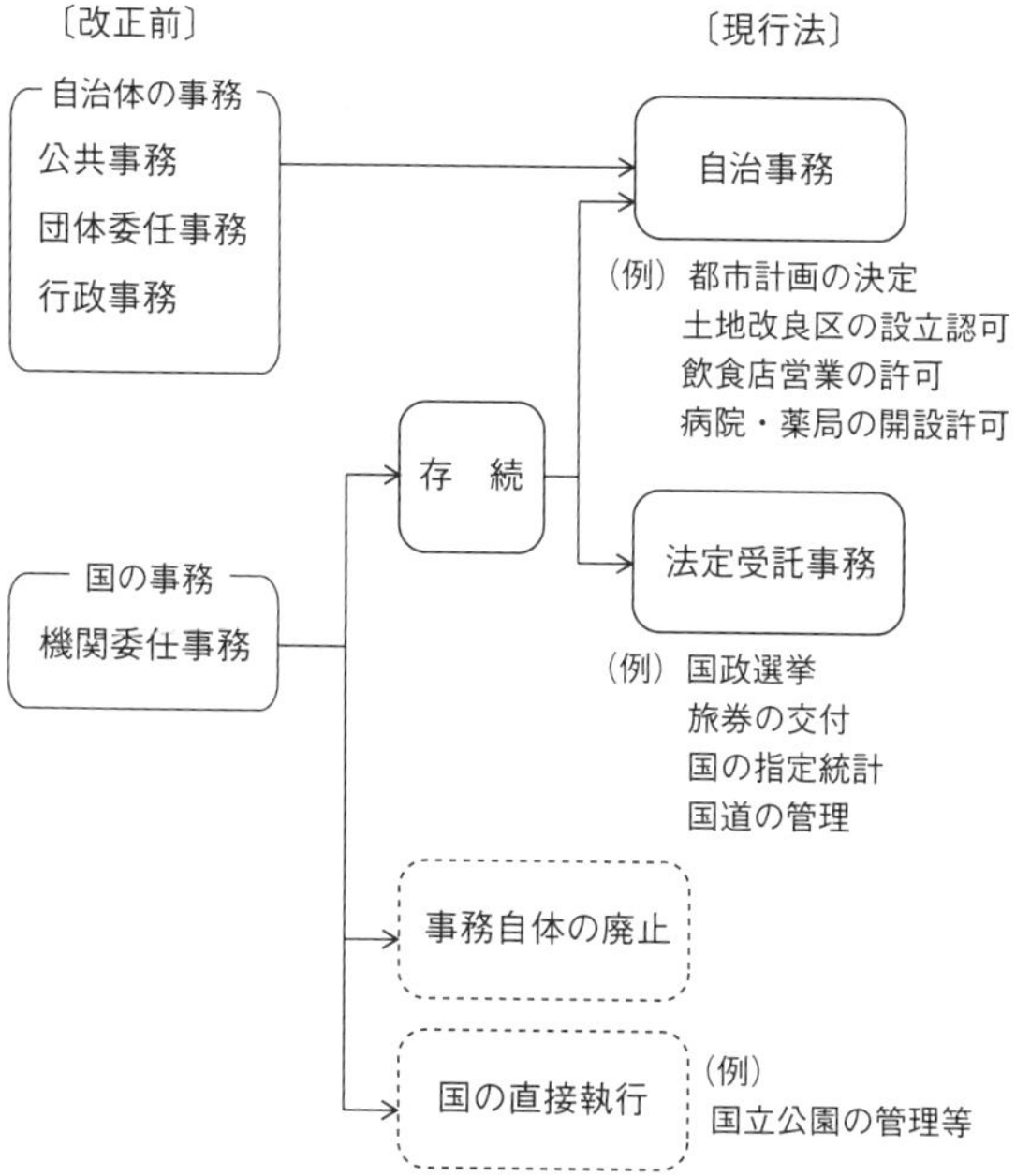

図 11　機関委任事務の廃止(自治省(当時)資料を参考に作成)

「自治事務」と「法定受託事務」の二つに分けられました。法定受託事務とは、国政選挙や旅券の交付のように、本来は国がおこなうべきであるが、法令で自治体の事務としているもので、自治事務にくらべてより大きな国の関与が認められている事務です。国の関与のしかたにもルールができて、国の省庁の恣意《しい》(自分勝手な思いつき)で自治体の事務に介入するようなことはできなくなりました。

この地方分権推進委員会の勧告のなかには、市町村合併の推進が盛りこまれ、「平成の大合併」がすすめられました。これについては、のちほどくわしく述べます。

三位一体改革

地方分権一括法によって、国、都道府県、市町村は対等協力の関係になりました。しかし、財政面からの統制と法令による義務づけなどが残り、自治の現場では、自由度がそれほど大きくなったとは感じられませんでした。地方分権推進委員会は、任期の終わる直前の二〇〇一年六月に『最終報告』を発表しましたが、このなかで自らのすすめた地方分権を「未完の分権改革」とよび、さらに改革をすすめる必要があるとしました。

とくに、つぎの改革の焦点は地方税財源の充実確保だと明言したので、これを受けておこなわれたのが、いわゆる「三位一体《さんみいったい》改革」です。二〇〇二年六月に閣議決定された政府の方針で、「国庫補助負担金、交付税、税源移譲を含む税源配分のあり方を三位一体で検討」することが決まったのです。このような経緯からは、財政面から自治体の自由度を増すための改革であったはずですが、一方で国の財政がたいへんきびしい状況であったために、国の財政再建のための三位一体改革という性格がもちこまれてしまいました。

この改革では、四兆円の国庫補助負担金の削減と三兆円の税源移譲を一体でおこなうことが目標とされました。税源移譲とは、税の負担額を変えずに国税の減税と地方税の増税をセットでおこなうことです。所得税を三兆円減税した分で、二〇〇七年度から住民税の増税をおこない、定率で所得の一〇％を都道府県(四％)と市町村(六％)に納める制度に改正されました。

国のお金を交付されているからには、そのお金の使い方については国の監督を受けなければなりません。国庫補助負担金を削減して地方税を財源にすれば、国の監督を受けることはなくなります。国庫補助負担金の削減とは、そのような趣旨でおこなわれたはずでした。

ところが、国の省庁が、お金をつうじた監督権を手放すことに抵抗したため、四兆円の削減目標は達成されたものの、たとえば、義務教育費の国庫負担金は、それまで教職員給与の二分の一が交付されていたのが三分の一に減らされただけという結果になりました。ということは、国の補助負担金をつうじた関与に変わりはなく、自治体の自由度が増すことはありませんでした。地方分権のための改革として期待していた自治体側は、三兆円の税源移譲については評価しましたが、三位一体改革全体としては失望することになりました。

税源移譲と補助負担金の削減と並行して、地方財政の縮減《しゅくげん》、つまり地方交付税の削減がおこなわれました。財政学者の小西砂千夫《さちお》先生は、二〇〇一年度から二〇〇六年度までを比較分析して、五年間で地方財政計画の規模は約七兆円、一般財源の額では約五兆円も減らされているとしています。自治体の財政運営は、自由度を増すどころか、たいへん窮屈《きゅうくつ》になってしまいました。

その後も、地方分権改革は国の重要課題として取り組まれましたが、それほど大きな進展はありません。法令と財政で統制されながら国から決められた仕事をおこなうという地方自治の性格に変わりはなく、たとえば「集権的分散システム」とよばれるような中央・地方政府間関係は、基本的に変わっていないといえましょう。

第9章
地方自治の過去・現在・未来

市町村はもとをたどれば江戸時代のむら

日本が近代的な立憲国家となったのは、一八九〇(明治二三)年のことです。七月には、第一回の衆議院議員総選挙がおこなわれ、前年に公布された明治憲法(大日本帝国憲法)は、一一月二九日、第一回帝国議会の招集と同時に施行されました。これに先だって、地方自治制度がととのえられ、先にお話ししたような制度ができたのです。

江戸時代の統治は、町役人・村役人をつうじて強力に統制する一方で、幕府や藩の支配にしたがうかぎりでは、まち・むらの自治を広く認めていました。年貢《ねんぐ》さえきちんと納めれば、むらのなかのことは村人の話しあいで決めることができたのです。

このようなまちやむらは、明治政府から見れば、小学校教育や戸籍事務など近代的な行政をになわせるには小規模すぎました。明治政府は、最初は、封建的な制度や慣習を一掃《いっそう》するために、江戸時代のむらを解体して大区小区に再編しようとしたのですが、まちやむらを無視した単位で地方の協力を得ることには無理がありました。そこで、江戸時代のまち・むらを継承した町村に地方行政をになわせることに方向転換したのです。

市制町村制ができたときには、江戸時代のまちとむらを引き継いで、七万くらいの町村がありました。しかし、当時の村では近代的な地方行政組織としては規模が小さいので、その施行にあわせてかなり強引に合併させて、一万五〇〇〇くらいの市町村に再編しました。市という制度もそのときにできました。これを「明治の大合併」といいます。

一九五五(昭和三〇)年頃にも、全国的な市町村の合併がおこなわれ、「昭和の大合併」とよばれます。戦後、学制の改革があって、それまで小学校が義務教育だったのが、中学校までが義務教育となりました。これにともなって、市町村は中学校を設置することになりました。明治の大合併が、小学校の設置・運営が可能な規模を目安として三〇〇戸から五〇〇戸程度を目標にされたのに対して、昭和の大合併では、中学校の設置・運営が可能な規模ということで、人口八〇〇〇人を目標にして合併がすすめられ、それまで一万くらいあった市町村数が、約三分の一の三三〇〇程度になりました。

平成になってからも大合併がありました。地方分権の議論がさかんになるなかで、分権の受け皿となるべき市町村の行財政能力を高める必要があるのではないか、そのためには、小規模町村は合併してあるていどの規模にするべきではないのか、といった議論もさかんになりました。

表9　市町村の大合併と市町村数の変遷

年　月	市	町	村	計	備考
1888(明治21)年	−	(71,314)		71,314	
明治の大合併					
1889(明治22)年	39	(15,820)		15,859	4月1日 市制町村制施行
1947(昭和22)年8月	210	1,784	8,511	10,505	5月3日 地方自治法施行
1953(昭和28)年10月	286	1,966	7,616	9,868	
昭和の大合併					
1956(昭和31)年4月	495	1,870	2,303	4,668	
1965(昭和40)年4月	560	2,005	827	3,392	
1999(平成11)年3月	670	1,994	568	3,232	
平成の大合併					
2006(平成18)年3月	777	846	198	1,821	
2014(平成26)年4月	790	745	183	1,718	

総務省のHPをもとに作成

一九九五年に発足した地方分権推進委員会は、当初、分権の「受け皿論」としての市町村合併を一時棚上げにする方針でしたが、国会議員を中心に、「市町村合併については分権改革と同時並行して推進すべしとする声が各方面で高まるばかりであった」ので、第二次勧告に、市町村の自主的な合併の積極的な促進をもりこみました。これを受けて国は、当時三二〇〇あまりの市町村の「自主的合併」をすすめた結果、現在は一七〇〇あまりの市町村数になったのです。

地方分権推進委員会の委員を

務めた行政学者の西尾勝《にしおまさる》先生は、「平成の市町村合併」は「政治主導でやみくもにはじめられたもので」「なんのための合併かを説明する新規の公共サービス」は明示されず、「最小規模の目途も提示されな」い「無原則な合併の促進」だったと言います。

三重県の場合は、それまで六九市町村あったのが、二九の市町となりました。県庁所在地の津市のように、伊勢湾沿岸から奈良県境の山間部まで一〇市町村が合併して、人口二九万人、面積七一〇平方キロの大きな市ができる一方、過疎《かそ》の町二つが合併して人口一万五〇〇〇人の南伊勢町ができたりしました。また、小規模なまま合併できなかったような町もあります。

このように市町村の規模にばらつきのあるのは全国的な状況で、現在の市町村の行財政能力には大きな差があります。基礎自治体にできるだけ多くの仕事をさせようと考えて合併をすすめた「分権論者」からみれば、大きな課題が残ったといえましょう。

このように見てくると、現在私たちの住んでいる市町村は、明治のはじめには江戸時代のまちやむらでした。国の要請にしたがって、割り当てられた行政サービスを実施するために合併をくりかえしてきて、今日の姿になっているのです。

都道府県のもとは江戸時代の藩

市町村が江戸時代のまちやむらが合併したものだとすれば、都道府県は、まちやむらを支配していた江戸時代の藩《はん》が再編合併されてできたものです。江戸から明治時代になって、一八六九(明治二)年には、版籍奉還《はんせきほうかん》(藩主が版(土地)と籍(人民)を朝廷にかえすこと)がおこなわれました。旧幕府領などは九府二〇県になって中央政府から知事が任命されましたが、それ以外の二七三藩では、旧藩主が知藩事に任命されて地域の統治にあたりました。

一八七一(明治四)年七月には、廃藩置県《はいはんちけん》がおこなわれて、東京、大阪、京都の三府と三〇二県とされ、同年一一月には三府七二県に統合されました。それまでの藩主の支配を廃して、中央政府の任命した府県知事が地方行政にあたるようになったのです。

図12は、現在の三重県がどのようにしてできたかをあらわしていますが、一八六九(明治二)年の版籍奉還では、神宮領・天領が度会県《わたらい》になっただけで、藩が残っていることがわかります。一八七一(明治四)年の廃藩置県で、各藩が県になり、一一月までには、度会県と安濃津県《あのつ》になり、一八七六(明治九)年には、現在の三重県になっています。

廃藩置県後も合併がすすめられて、一八八八(明治二一)年一二月に現在の香川県がで

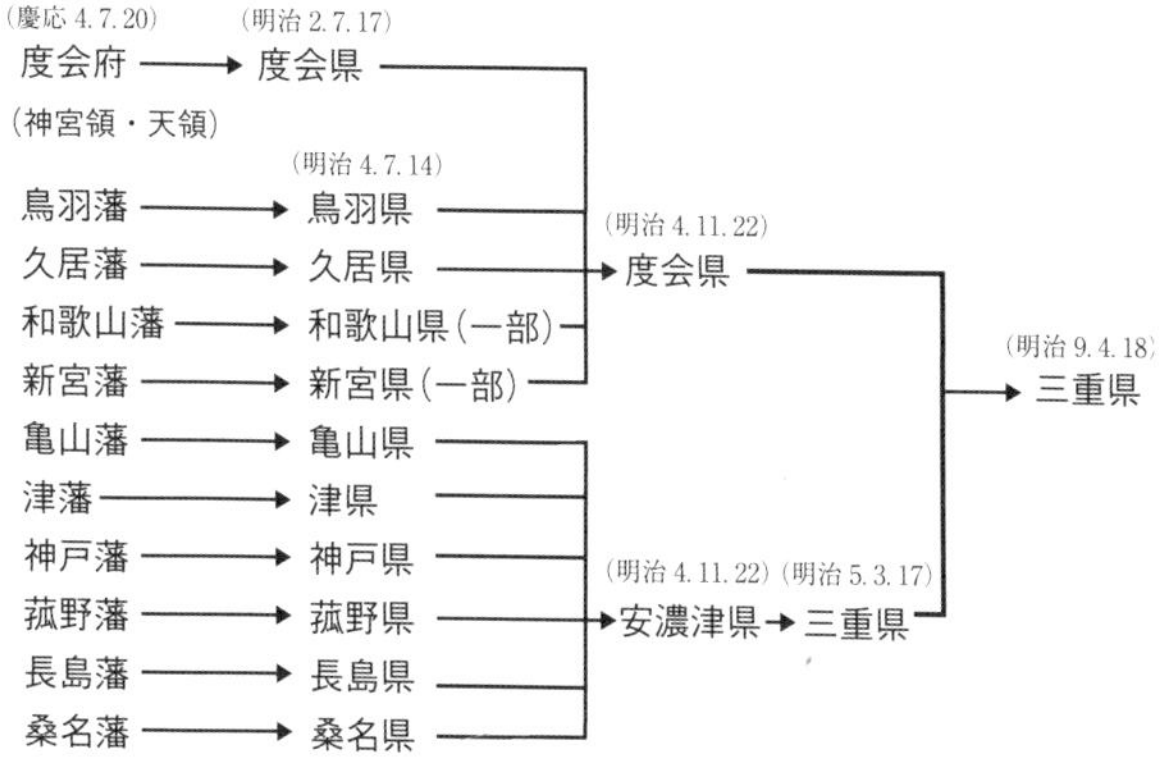

図12　三重県の成立(大林日出雄・西川洋『三重県の百年』山川出版社より)

きた時点で、三府四三県となり、現在の都道府県の形が整いました。その後、国の直轄《ちょっかつ》であった北海道が府県と並ぶ地方公共団体となり、東京府と東京市が廃止されて東京都になって、現在の一都一道二府四三県になったのです。

市町村が時代の変化におうじて合併をくりかえしてきたのに、都道府県が基本的に明治のままだというのが、「道州制」(県を廃止または合併させて九～一三くらいの道州に再編するという構想)論の根拠の一つになっていますが、時代が変わるということと合併することとのあいだには、直接の関係はないように思います。

市制町村制に対応して、一八九〇(明治

二三)年に府県制が公布され、体制の整った府県から順次施行されました。府県は、官吏(いまでいう国家公務員)である府県知事の所管する国の行政区画でしたが、府県会がおかれていたので、自治的要素も取り入れられていました。一八九九(明治三二)年には独立の法人格も明確化されて、府県は「地方公共団体」ではありましたが、市町村を監督する国の機関としての性格が強く、自治体としての性格は希薄《きはく》でした。

戦後の地方自治制度改革での焦点の一つが、知事の公選制でした。旧支配層の抵抗もあったようですが、占領軍の強い意向で、知事の直接公選制が実現しました。日本国憲法が、地方自治については二元代表制をとっているのは、占領軍が知事の直接公選制にこだわったためといわれています。日本国憲法下で、都道府県は広域的な自治体となりました。

地域自治会ももとは江戸時代のむら

みなさんが住む地域には、自治会という組織がありませんか。町内会とか自治区とかよび方はちがっても、市町村広報を配ったり、回覧板でいろいろなお知らせが回ってきたり、市町村のゴミ収集に協力したりしている組織が、ほとんどの地域にあります。新しく団地ができたところでも、ほとんど例外なくありますので、同じような組織が全国どこにでもあることを、私は少し不思議に思っていたのです。行政学者の日《ひ》高《だか》昭夫《あきお》先生が、その謎を解いてくれました。

明治政府が、市制町村制の施行の際に、大規模な合併をおこなったことは、先にお話ししました。しかし、住民にとってむらは、生産や生活を支える不可欠の共同体だったので、その解体には陰《いん》に陽《よう》に大きな抵抗がありました。かなり強引に合併させる一方で、抵抗をやわらげるために、合併前のむらを、合併後の町村の行政区として残すことを認めたのです。村有財産をもっているようなむらは、それを合併後の新町村に引き継ぐことにも抵抗がありましたので、「財産区」という制度をつくって、合併前のむらが引きつづき財産を所有することができるようにもしたのです。

日高先生は、山梨県御坂町《みさかちょう》（二〇〇四年の合併で現在は笛吹市《ふえふきし》の一部）の地域自治会を調べ、明治の町村合併のときの行政区をベースにして、江戸時代のむらを構成する支村単位に分離したり、都市化した地区が分かれて新しい自治会をつくったりして、現在の自治会になっていることを明らかにしました。このような経緯は、全国どの自治体にも見られることで、どこに住んでいても、自治会があるのはそのためです。合併前のむらは、新町村の行政区となりましたが、それまでの村長《むらおさ》が区長となり、地域の自治を守るとともに、新町村の政治・行政に一定の発言権を確保したのです。

とすれば、図13に整理したように、江戸時代のむらは、一方で合併して近代的な基礎自治体になるとともに、一方で地域自治会として残り、地域自治の伝統を引き継いでいまにいたっているといえましょう。

日高先生は、「地域自治会」を「市町村よりも小さな近隣ないし街区の区域において、地域住民による「自己統治」の独占的な単位として設けられている地縁組織のこと」であると定義し、それを「第三層の地方政府」だと主張しています。地域自治会の一般的特徴として、①領土のようにある地域空間を占拠《せんきょ》し、地域内に一つしかない団体であること(地域占拠制)、②特定地域の全世帯の加入を前提としていること(全世帯加入制)、③加入単位が世帯であること(世帯単位制)、④地域生活に必要なあらゆる活動を引き受けていること(包括的機能)、⑤市町村などの行政の末端機構としての役割をになっていること(行政の末端機構)、⑥全国津々浦々いたるところに存在していること(全国遍在《へんざい》性)をあげ、政府・自治体以外にはありえない地域占拠制ないし「排他的地域独占」という性質をそなえた地域自治会は、「市町村の内部にあって、その中の一定の区域を排

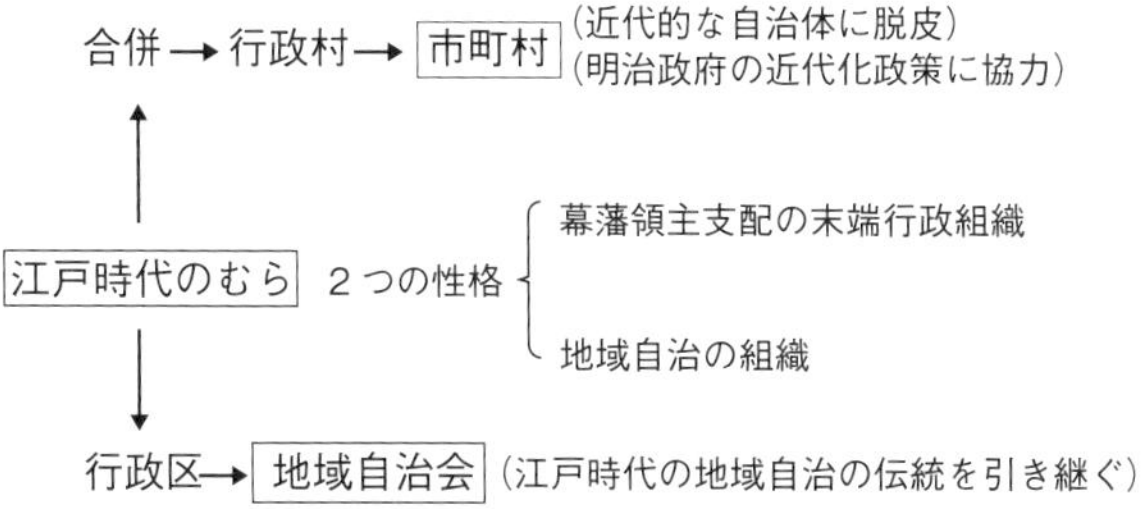

図13　江戸時代のむらと市町村、地域自治会の関係（日高昭夫『市町村と地域自治会』山梨ふるさと文庫を参考に作成）

他的に独占している一種の自治政府」なのだと、結論づけています。

七ページで、自発的な協力によって地域社会をまとめていくしくみを「社会システム」とし、強制力によって人をしたがわせ、社会をまとめていく「政治システム」と区別しました。地域自治会が「政府」であれば、「社会システム」が発展したものということになりますから、広大な領域を強制力で統合することによって生まれる「政府」と、自発的な協力が発展することによって生まれる「政府」があることを示唆《しさ》しています。さらに考えをすめれば、中央政府と広域自治体は前者、基礎自治体と地域自治会は後者になり、前者は国家統治の論理、後者は自治の論理によって支えられているといった理解までもが視野に入ってくるように思いますが、いかがでしょうか。

このような地域自治会に対して、私たちはどのようにかかわっていけばよいのでしょうか。

最近、自治会の加入率が下がっていると聞きます。町なかなどでは、加入率が五〇%を切ったなどと嘆きの言葉を聞くことがありますし、役員のなり手がいないという悩みもよく聞くようになりました。

その原因は、いくつかあるでしょうが、一つには、自治会が何をやっているのかよくわからないということがあるでしょう。広報の配布やゴミ出しルールの徹底は、もともと市町村の仕事だし、自治会費を払ってまでやることではない、と考える人もいそうです。もう一つは、公園の掃除をするから出てこいだとか、いろいろ煩《わずら》わしいことを言って、自由を制限するものだと受けとめられることもあるでしょう。

住宅団地などではその意義が忘れられがちですが、自治会は、身近な「自治」をになっている重要な組織です。たとえば、世の中が物騒《ぶっそう》になって犯罪からまちを守ることが重要になっていますが、多くの地区で街灯は自治会が管理していますし、子どもたちの登下校の見守り活動をしている自治会もあれば、防犯パトロールをしている自治会もあります。

市町村の広報の配布はたしかに市町村の仕事ですが、自治会が配るから一軒ずつに市町村の情報を届けることができるのです。私の知るかぎりでは、このようなお知らせの手段をもっている政府は、世界中で日本の自治体だけのようです。江戸時代から、幕府や藩のお触れはまちやむらの自治をつうじて周知されていたようで、旧家に残る古文書には、回ってきたお触れの文書の写しが残されているそうです。昔は支配者の都合のためのしくみが、いまは私たちの知る権利を守っているのですから、自治会に加入して、きちんと広報するよう要求するほうがよりよい選択のように思いますが、いかがでしょうか。

地域自治会の活動は、法令にもとづかないのですから、自分たちの工夫で新しい取り組みを生みだすことができます。四日市市は、三重県では一番人口の多い都市ですが、その別山地区は、新しく造成された団地で住民どうしが顔見知りでないこともあって、そのすきをついた空き巣、車上ねらいなどに悩んでいました。通勤などの機会に着脱式の青色回転灯をつけた自家用車で防犯パトロールをすることを思いつきましたが、車に回転灯をつけることには規制があることがわかりました。警察と相談した結果、住民の防犯活動として使用が認められるようになり、交代でつねに団地内を巡回しているので、安全なまちづくりに成功しました。青色回転灯による防犯パトロールは、その後全国に広まっています。

地域自治会は、憲法で地方自治が保障されている団体ではありませんし、地方自治法が「地縁による団体」として法人格を取得する道をひらいている以外には、法律にはとくに定めがありません。にもかかわらず、現実に、地域の政府として機能しているのは、地域の人たちが、地域自治会を、地域のことを決めていっしょに力をあわせるためには必要な存在だと認めているからです。

憲法第九二条は、地方自治のきまりは国会の定める法律によらなければならないことを規定しています。しかし、これは憲法の予定していない地域自治を排除する趣旨ではないはずです。むしろ法律で何も規制していない領域では、私たちが地域の自治を自由におこなう権利をもっていると考えられますから、法律に何も書いていないから、地域自治会は政府ではないということにはなりません。

とは言っても、法律の規定があったほうがよいとは言えるでしょう。たとえば、ニュージーランドの地方自治法は、「コミュニティ」についての規定をおいています。一定の手続きによって市町村の区域の一部にコミュニティをつくることができるとし、コミュニティ理事会に一定の権限を与えているのです。九七ページで紹介したイギリスのパリッシュも市町村内のコミュニティですが、行政学者の竹下譲《ゆずる》先生によると、その起源は中世までさかのぼる地域自治の組織を、一八九四年に法律で「地方自治体」として認めたのだそうです。日本でも、地域自治の実体をもつ地域自治会を自治体として認めるのが望ましいのでしょうが、一方で、地域自治会が第二次世界大戦を遂行するための国家総動員体制の末端組織としての役割をはたしたという歴史があって、その法制化には心理的にも抵抗があるかもしれません。

法律で規定することが難しいとすれば、市町村の自治のなかで、地域自治の役割を条例として定めるというのも一案です。平成の市町村合併によって市町村の区域がずいぶん広くなり、同じ市町村といっても、住民にとってはなじみの少ない地域もあるようになりましたから、市町村内での地域自治の重要性は増しています。

三重県の松阪市では、自治会の区域よりは相当に広いのですが、おおむね小学校区単位に四三の「住民協議会」という組織が市全域に設置されて、地域づくりに取り組んでいます。このような地域づくりの組織を、なんらかの形で条例で位置づけることが、つぎの課題になっているのです。まちづくりの基本的な約束事を、まちづくり基本条例として定める市町村も増えていますので、そのなかに地域自治の規定をおくのも一案ではないでしょうか。

地方自治か地方行政か

地方自治の過去を振り返ってみると、都道府県と市町村は、明治政府が国家統治に必要な仕事を自治体にやらせるためにつくった地方行政制度だったといえます。それが戦後の地方自治制度にも引き継がれました。市町村がやっている仕事のほとんどは、国が法律や政令で市町村がやることに決めた事務ですし、そうでなくても補助金など地方財政制度をつうじて国の政策に誘導されておこなうことが多いのです。竹下譲先生は、「地方自治」というからには自治体が独自に決めたものでなければならず、中央省庁が法令で決めた政策を執行する仕事は「地方行政」だと言っています。

それでは、日本の地方自治は、地方行政の現実のなかに埋もれてしまうのでしょうか。

私はそうは思いません。二〇〇〇年に地方分権一括法が施行されましたが、それによって、自治体が法令にもとづいておこなっている事務はすべて自治体の事務であり、国の命令を受けてやるのではない、ということがはっきりと定められました。国の定めた事務であっても、保育サービス、教育サービス、ゴミ処理サービス、上下水道サービスなど自治体のおこなっているサービスは、私たちの暮らしになくてはならないものです。

であれば、国に言われたとおりにするのではなく、住民の参加を得ながら、地域のためになるようなやり方ですることは、立派な自治になるのではないでしょうか。

小中学校の教育は、一面では国のおこなう義務教育であり、国民の教育を受ける権利を実現するものですから、憲法にもとづく国家としてのサービスであることは確かです。この面からは、どの地域に住んでいても、誰もが同じ水準の教育を受けられるようにするということがとても大切なことです。

しかし、教育にはもう一つ、地域に対する理解や愛着を深め、地域の将来をになうにふさわしい人材を養成するという面もあります。三重県の大紀町《たいきちょう》の七保地区では、地区の人たちが地域の元気づくりに立ち上がると同時に、学校ともタイアップして「子ども地元学」をはじめました。子どもたちは、地域のことを調べて発表しあうなかで、多くのことに気がついていきました。お茶の栽培のさかんな地区なので、それこそが「地域の宝」だと気がついた子どもたちは、大人たちの協力を得ながら休耕茶園《きゅうこうちゃえん》を再生させ、「あたたかきずな茶」を売り出しました。

「地元学」とは、熊本県水俣市の職員だった吉本哲郎《てつろう》先生が実践をつうじて提唱した、ないものねだりをするのではなく、地域にあるものを探すことから地域の元気をつくろうという取り組みのことです。吉本先生の『地元学をはじめよう』(岩波ジュニア新書)に、そのやり方や実践例がくわしく紹介されています。

自治体は、地方分権一括法によって、それぞれが独自の工夫をすることができるようになりました。国は国の責任をはたすために、市町村に多額の財源を交付しています。これを国の責任をかわってはたすためだけに使うのであれば、地方自治とはいえませんが、法令を守りながらも、地域のためめに役に立つような独自の政策展開ができるのであれば、それは地方自治といえます。そのような知恵を私たちが出せるかどうかが、日本の地方自治の未来を決めるのではないでしょうか。

地方自治の未来を展望する

地方自治の未来がどうなるか考えたとき、今後地方分権がすすむのか、すすむとすればどのようにすすむかが、一つの焦点になるでしょう。

私は、二〇〇〇年に地方分権一括法が施行されたような、地方自治を根底から変えるようなことは当面おこらないし、いまのところは現状の制度に改善を加えていくことでよいのではないかと考えています。

改革があまりすすまないだろうというのは、地方分権について、かならずしも意見が一致していないからです。一九九三年の国会決議によって地方分権をすすめていくことに基本的な合意ができて、推進に異論が聞かれなくなっているのは事実なのですが、何をどのようにすすめていくのかについては大きな意見のちがいがあります。

地方分権推進委員会の委員を務め、機関委任事務の廃止という大改革をなしとげた功労者である西尾勝先生が、まだ委員だったころの講演のなかで、地方分権をどう理解し、何を期待するのかについてはさまざまなちがいがあり、それが一つになって地方分権を求める声になっているとして、それを「同床異夢《どうしょういむ》」と表現しました。同床異夢とは、「身は共にありながら互いに心が離れ、また共に事をなしながら意見を異にすること」(『広辞苑』第六版)です。つまり、考えのちがう人たちが、地方分権改革という一つのことを言っているということです。

その後、小泉政権のもとで三位一体改革がおこなわれたころの動向を見てみると、地方分権について、ざっと、表10のような態度が見られたように思われます。

まず、地方自治を推進したいと考えて分権改革を支持した人たちがいたことは確かです。西尾先生もその一人だったと思います。

表10　地方分権改革の同床異夢

自治推進派	地方自治をすすめるために、自治体の権限を強化したい
国のかたち派	明治以来の政治・行政体制を革新して、今の時代にふさわしい国家の体制をつくりたい。とくに、国の仕事を外交や防衛に純化して、国家としての力を高めたい
行革推進派	国・都道府県・市町村と重層的にになっている行政事務を整理してできるだけ市町村にまかせたり、自治体の規模を大きくしたりすることによって、行政の効率化をはかりたい
（財政再建派）	地方歳出を削減することによって、財政再建をはかりたい
（分権抵抗派）	地方は信用できないから、国の監督的な関与は必要である

つぎに、日本の政治・行政体制そのものを根本から変えたいと考えていた人たちがいます。とくに、中央政府は外交や防衛の仕事に専念して国益を守ってほしい、そのために、内政は自治体にまかせたいという考えが目立ちます。これを表では「国のかたち派」とよびます。この考えを実現するためには、現在都道府県のやっている仕事を市町村におろして、国がやっている仕事を都道府県におろす必要がありますが、そのためには、市町村の規模を大きくする必要がありますから、全国を三〇〇くらいの基礎自治体に再編するというような構想が出てきます。また、都道府県も合併または廃止して道州に再編するという「道州制」の構想が出てきます。

行政改革をすすめてできるだけ効率的な政府にしようと考える人たちは、地方分権をそのための手段として見ています。これを表では、「行革推進派」とよびました。この観点からは、自治体の仕事は自治体の責任にまかせて、国が自治体をこと細かに監督することをなくせば、その分費用が節約できると考えますが、同時に、小規模の自治体は非効率だから合併すべきだと考えます。この論者の言う効率は、経費の削減に重点がおかれていて、よりよいサービスを住民に届けることには無関心な場合が多いことに注意する必要があります。つまり安上がりな政府、小さな政府をめざす考えがベースにあるのです。

第二次世界大戦後は、「ゆりかごから墓場まで」という言葉に象徴されるように、国民生活の最低保障は国家の責務だと考えられ、そのため政府には、財政政策によって景気をコントロールして失業を少なくしたり、政策をつうじて所得を配分しなおしたりする役割があると考えられてきました。これを「福祉国家」といいます。しかし、財政が政府機能の膨張に耐えられなくなってくると、福祉国家の考え方とは対照的に、経済や国民生活に介入するような政策をやめて政府の役割を限定したほうがよいという「小さな政府」の考え方が有力になってきました。小さな政府論に対しては、教育、福祉の切り捨てではないかという批判があり、新しい福祉国家のあり方を模索する議論が最近優勢になってきています。

中央政府の官僚のなかには、本心では地方分権をすすめる考えのない「隠れ反対派」も多いようです。三位一体改革のなかで財務省のとった行動は、地方歳出の削減に重点がおかれ、改革によって地方の自由度を増すことについては無関心でした。さらには、事業官庁は、権限を手放すことに徹底的に抵抗しました。これらを表では、（　）つきで「財政再建派」「分権抵抗派」としました。

このような状況のなかでは、大きく地方分権がすすむとはとうてい考えられません。三位一体改革後も、地方分権改革推進委員会がおかれて取り組まれましたし、現在も、内閣に地方分権改革推進本部がおかれて改革がすすめられてはいます。また、地方分権のための法改正もすすめられ、二〇一五年六月には、自治体への事務・権限移譲と義務づけ・枠づけ(国が法令で事務の実施やその方法を縛っていること)見直しのために、一九の法律が一括改正されたところです。しかしながら、これらの改革は、二〇〇〇年の地方分権一括法のように、中央・地方政府間関係を根本から変えるものではなく、同法が実現した国・都道府県・市町村の対等協力関係を実質化するための取り組みといえましょう。

制度の根本を変えなくても、当面現状の制度に改善を加えていくことでよいのではないかと考えるのは、二〇〇〇年の地方分権一括法の施行は、思った以上の大改革だったからです。当時、自治体の職員に何か変わりましたかと聞いても、「なんも変わらん」といった答えだったのですが、国と自治体との関係は、徐々に変わってきていると感じます。

地方分権をすすめるとは、国の関与を減らすことと、自治体の仕事を増やすこととという二つの方策のいずれか、または両者の組み合わせによって実現するのですが、日本の地方制度の場合、自治体の仕事は多いが、国の監督が強いという特徴がありますから、仕事を増やすことよりも、国の監督を弱めるほうが自治をすすめることにつながります。地方分権推進委員会もそのような方針で改革をすすめたので、自治体の事務についての国の関与は地方自治法でルール化されて、恣意的な介入はできなくなりました。機関委任事務の廃止とあわせて、これによって、国の細かな統制を受けることはなくなりました。万一、不当な統制を受けることがあれば、世論に訴えることもできます。

地方分権をすすめることは、少なくとも建前としては、歴代政府の優先度の高い方針ですから、関与をゆるめる方向に動くことはあっても、強める方向に動くことはあまり考えられません。事実、具体の制度は分権化の方向に改善されてきています。

先にあげたように、法令による義務づけ・枠づけの見直しもおこなわれていますし、財政面では、国の補助金の多くが、地方の裁量のはたらく「交付金」になっています。それまでの個別補助金を一つの交付金にまとめて、大枠だけを国が決め、具体的に何に使うのかは自治体側が決めて、それが交付金の趣旨にあっていれば交付されるという制度ですから、自治体の創意工夫が生かせるようになっています。

このような現在の状況を考えると、国と自治体の関係のあり方を根本から考えて、地方自治制度の大改革として地方分権をすすめることも重要ではありますが、むしろ、それぞれの自治体が自治をすすめて、これまでの改革に内実を与えることが重要になっているように思います。それにともなってなんらかの障害が明らかになったら、それについての改善を求めるというようなやり方で、実質的な分権をすすめることができる段階に入っているのではないでしょうか。

第10章

地方自治の未来のために

自治体の改革

社会は、時代とともに変化していきます。社会のあらゆる組織は、時代の変化にあわせて変わっていかなければ、役割を失い、やがてはなくなってしまいます。時代の変化にあわせて組織を変えていくことを「改革」といいます。いまも時代は大きく変わりつつあり、自治体も改革をすすめなければ、住民の期待にこたえていくことはできません。

自治体の改革の課題の一つは、地方分権に対応することです。以前は、国の指示にしたがって行政サービスを提供していればよかったのですが、地方分権がすすんだいまでは、地域のニーズをよく理解したうえで、その地域にあった工夫を加えなければなりません。国も、むしろ、地域独自の工夫をして効果的な行政サービスをおこなう自治体に、財源配分を手厚くしたいという方向になってきています。そのほうが、国の政策という観点からも、効果が大きくなるからです。

最近の自治体は、地域のめざす方向とその方策を総合計画に明示し、それをすすめるために必要な事業を毎年度の予算に組むというやり方になっています。図14にしめした

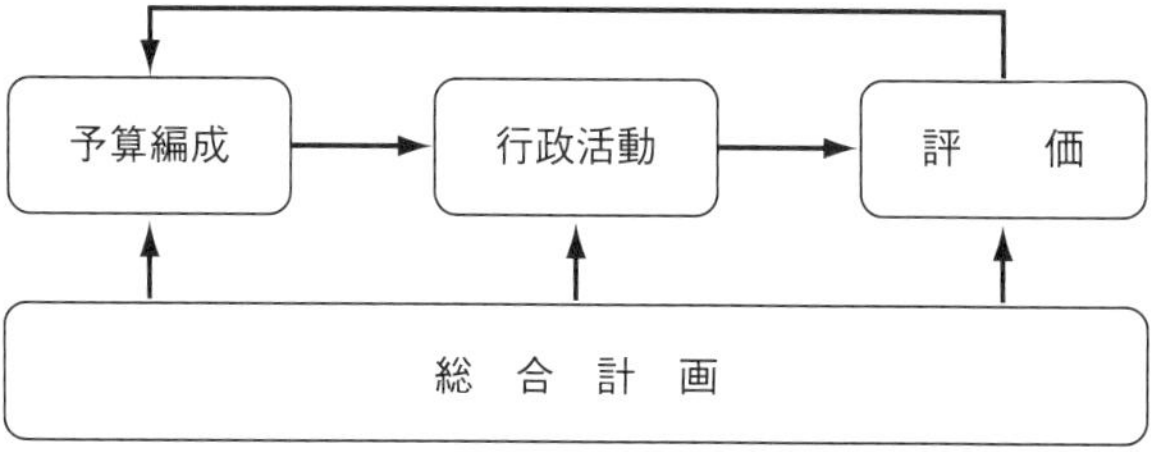

図14　自治体の行政経営サイクルのイメージ

ように、事業を執行した結果は、総合計画に照らして評価し、評価結果にもとづいて改善していくという経営サイクルをつくろうとしています。このサイクルをすすめるのは執行機関ですが、その各段階で住民の代表である議会に報告し、その意見を取り入れながらすすめるようなしくみも同時にできてきています。自らの目標を明確にして、住民や議会の意見を聞きながら政策をすすめるという自治体改革の方向は、国の下請《したうけ》的「地方行政」から脱皮する「自立経営改革」といえましょう。

一方で、財源はかぎられているので、少ない経費で住民の期待にこたえられるように、効率的なサービスができるような自治体組織にしていかなければなりません。図14の経営サイクルのなかで、行政サービスが効率的に提供されているのか、住民の期待にこたえて効果を発揮しているのか、といった観点から評価・改善する努力は、「効率経営改革」といえましょう。効率の意味については二一ページでお話ししましたが、地方自治法も、自治体は「最少の経費で最大の効果をあげるようにしなければならない」と規定しています。住民が行政サービスに求めるものは、時代によって変わっていきます。これに対応することこそが、自治体のもっとも大きな課題になります。

敗戦後の日本は、「焼跡闇市《やけあとやみいち》」から再出発しました。食べるものも十分になく、国民の願いは腹一杯食べることでした。乏しい食料を国民全体で分けあうことが政治・行政の役割でしたから、食料を生産している農家に自家消費分を除いた全量の供出《きょうしゅつ》を義務づけ、それを国民に配給していました。父からは、二、三本のサツマイモが一人二週間くらいの食料として配給されたという話を聞きました。独身だった父は、すぐに食べてしまって、あとは水だけを飲んでいたそうです。

食料不足は一九五五年頃には解消され、経済成長がはじまって、経済の規模も大きく拡大するようになりました。国内総生産が年率一〇%を上まわる勢いで伸びはじめると、物価も上がりましたが、それ以上に賃金も上がり、テレビ、洗濯機、冷蔵庫などの耐久消費財が普及し、車やクーラー(いまのエアコンとちがって冷やす機能しかなかった)などを買うことが人々の夢になりました。なんらかの事情で十分な所得が得られない人たちに対しての社会保障政策が重要になり、福祉政策が大きく拡充された一九七三年は「福祉元年《がんねん》」とよばれました。

一九九〇年頃には、成長が止まりましたが、国内総生産はおよそ五〇〇兆円に達しました。言いかえれば、人々はほしいものはほぼ手に入れたということです。こうして、物質的な欲求が満たされるにつれて、人々の欲求は精神的なものに向かいました。総理府とそれを引き継いだ内閣府が毎年実施してきた「国民生活に関する世論調査」は、「まだまだ物質的な面で生活を豊かにすることに重きをおきたい」と考える人たちよりも、「物質的にあるていど豊かになったので、これからは心の豊かさやゆとりのある生活をすることに重きをおきたい」と考える人たちが増えてきたことをしめしています(図15)。このような変化は、よく「モノからココロへ」という言葉であらわされますが、人々が「生活の質(Quality of Life：QOL)」の向上を願うようになったことをしめしています。

生活の質(QOL)の向上とは、「Life」をよいものにしたいという意味ですから、充実した生活を送りたいとか、人生を価値あるものにしたいというようなことです。具体的には、育児と仕事を両立したい、美しくきれいな環境に住みたい、老後も幸せであり

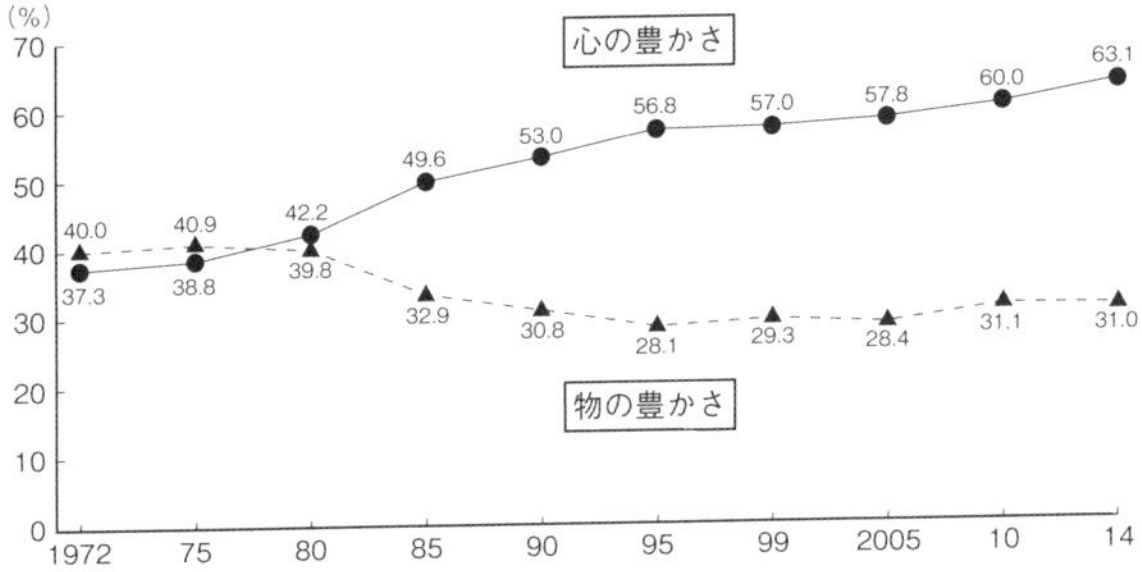

●心の豊かさ：物質的にある程度豊かになったので、これからは心の豊かさやゆとりのある生活をすることに重きをおきたい

▲物の豊かさ：まだまだ物質的な面で生活を豊かにすることに重きをおきたい

図 15　これからは心の豊かさか、まだ物の豊かさか（時系列）
（「国民生活に関する世論調査」総理府・内閣府調査にもとづき作成）

たい、充実した余暇《よか》を過ごしたいというようなものです。これらの望みは、個人的であると同時に、社会的でもあります。たとえば、育児と仕事の両立は、個人の努力だけでできることではありません。職場の理解、家族の理解、そして育児サービスの提供などの条件がそろってはじめて可能になることなのです。

　個人の努力だけで実現できないような課題は、結局は行政にもちこまれますが、では、国の全国一律のサービスで解決できる問題かというと、そうではないのです。生活の質の問題は、一人一人の暮らしの場でおこることですから、一人一人の暮らしをサポートできるよう、きめ細かに対応しなければならないのですが、そのような対応が国には苦手であることは、二一ページで紹介した飯南高校生たちが指摘したとおりです。だから、生活の質を高めるための条件、誰もが幸せになれるような地域社会の条件を整えることが、地方自治の課題としてもちこまれるようになったのです。地方分権推進の国会決議が、ゆとりと豊かさを実感できる社会をつくりあげていくために地方分権をすすめる必要があると言っているのは、このようなことをさすと理解できるのです。

行政だけにまかせておいてよいのか

社会的な問題であるということになると、行政の出番になります。現在、どこの自治体でも保育サービスや子育て支援の充実に取り組んでいますし、国も、育児休業制度などを整えるようになりました。このような動きにあわせて、育児と両立できるような職場にしようと努力する企業も増えてきました。

住民の「生活の質」を高めることが行政の役割になってきたものの、では、行政だけでそれができるかというと、そうではありません。

たとえば、美しくきれいな環境に住みたいという願いをかなえるには、どのような取り組みが必要でしょうか。思いつくだけでも、ゴミを収集して適正に処理する、ゴミを分別する、ゴミにならないよう簡素な包装にする、できるだけゴミにしないように再利用する、可能なものはリサイクルする、飲んだあとの飲料容器を道ばたに捨てない、犬を散歩させたときに糞《ふん》を置き去りにしない、などの取り組みが必要になってきます。このうちで、行政ができるのは、ゴミを収集して適正に処理することくらいで、ほかのことは、じっさいにおこなうのは一人一人の住民や企業です。

では、自治体ができることだけをおこなって、ほかのことは知らん顔ではどうでしょうか。町は美しくきれいな環境になりません。そこで行政は、住民や企業によびかけて、町をきれいにするための行動をお願いする必要があります。

最近では、NPOという言葉を聞くようになりましたが、これは公共的な活動をする非営利の団体のことです。生活の質の向上には、NPOも大きな役割をはたすようになっており、リサイクルや生ゴミの堆肥化《たいひか》に取り組むNPOもあります。

従来は、みんなが困っていることは、行政サービスを提供することによって解決しようとしていましたが、QOLを向上させて幸せになれる条件の整った地域社会をつくっていくためには、行政と、一人一人の住民、そして企業、団体などが協力しあって解決に取り組まなければならなくなっています。このように、協力しあって取り組むことを「協働《きょうどう》」といいます。協働の輪が広がることが、地域社会をよくしていくことにつながっていくのです。

この協働の輪を広げることが、二一世紀の自治体の重要な役割になっています。なにせ、自治体は地域の「舵《かじ》取り役」なのです(三二頁)から、地域の多様な主体が協働して取り組むように、「音頭《おんど》をとる」役割があります。たとえよい考えであっても、それが個人の考えであるあいだは私的な活動であり、幅広く人を動かすことは難しいのですが、民主的に決められた自治体の方針であるということになると、それは公的な活動であり、協力の輪が広がりやすいということがあるのです。

前章でも少し紹介しましたが、三重県の松阪市では、全市域に「住民協議会」をつくるという方針を打ち出して、地域自治会などに幅広くはたらきかけました。その結果、おおよそ小学校区を単位にして、四三の住民協議会ができています。住民協議会には、自治会、老人会、PTA、子ども会や体育・文化・福祉の組織など、地域で公共的に活動する団体が参加し、地域の課題を解決し、住みやすい地域にするために協力して取り組んでいます。松阪市は、基本的な運営資金を交付しているだけではなく、企業や

ＮＰＯにも協力をよびかけています。その結果、住民協議会の活動を、企業が支援したり、ＮＰＯが活動に参加したりするようになっています。市役所が、住民協議会の活動や企業・ＮＰＯの活動を「公認」していることによって、市民協働の輪が大きく広がっているのだと思います。

ほかの多くの自治体も、同種の政策をとって、住民と協働して地域づくりをすすめようとしています。このような自治体の努力は、住民と協働して地域づくりをすすめる「地域経営改革」だといえましょう。

以上をまとめれば、地方自治の未来を開くためには、国の下請的「地方行政」から脱皮する「自立経営改革」、かぎられた予算で住民の期待にこたえるようにする「効率経営改革」、住民と協働して地域づくりをおこなう「地域経営改革」をすすめることが、現在の自治体に求められているといえましょう。

民主主義を活性化させる

ここまでの話で、地方自治が私たちの暮らしを守っていること、また私たちが幸せになるための条件の整った地域社会をつくるためにも地方自治が重要であることを理解していただけたのではないでしょうか。

では、地方行政の現実から抜けだして地方自治を確立するために、私たちはどのように行動すればいいのでしょうか。地方自治は、住民の共同事業をおこなうものとして発展してきました。地方自治を守り、発展させるのは、私たち住民自身です。まず、地方自治に関心をもって参加していくことが大切です。

地方自治は「自治」であり、民主主義で運営されてこそ成り立つものですが、残念ながら、日本では、民主主義が十分に確立されているようには思えません。私たち一人一人が地方自治に参加して、民主主義を活性化させていく必要があるのですが、最後にこの問題を考えてみましょう。

政治学者の小林良彰《よしあき》先生が、「『民主主義』とは、自分たちで自分たちのことを決める方式である」と言っていることは二五ページで紹介しました。そのことから、

①言論によってものごとを決める

②いったん決めたことはみんなが守る

という民主主義の二つの基本的なルールを導き出すことができると考えます。

暴力や、あるいは財産などなんらかの力でものごとを決するのであれば、力のない人

たちにとっては、自分たちで決めたことにはなりません。そこで、対等な関係で話しあって決めるということになりますから、言論によって決めるということが第一のルールになります。そして、自分たちで決めたことだから自分たちで守るということで、二つめのルールが出てきます。ということは、私たちがその決定過程(政治)に参加することで、民主主義が成り立っているということになります。

民主主義で何を決めるかというと、「自分たちのこと」です。自分たちのこととは、社会のみんなに共通することがらです。みんなに共通することがらだから、みんなで決めて、みんなで守るわけです。

民主主義で決めることとは、私たちの社会全体についての決定ですから、多かれ少なかれ社会の全員に影響します。そして、その決定は、誰かにとって都合が悪く、誰かにとっては都合のよいことがふつうです。ということは、誰かに都合の悪い決定を押しつける結果になるのですが、それが許されるのは、それによって社会全体がよくなって、大きく見ればその人にも利益になるからです。誰かの不都合によって誰かが利益を得るような決定は、不公正な決定であり、正義に反することになります。

現実の政治では、たとえば、食料品については消費税率を低くしたほうがよいかどうかというように、ある論点について政権党から政策が提起されます。それに対して、反対党から別な案が出されることもあります。私たちは、どの案を支持するのかを、どのように考え、どのように判断すればよいのでしょうか。

自分がどの政策を支持すればよいのかを考えるときに、それぞれの政策は誰にとって都合がよいのだろうかと考えることは、有効な方法だと思います。たとえば、派遣社員という働き方は、三〇年くらい前までは禁止されていました。それが認められるようになったことは、働く人と雇う人のどちらに都合がよいでしょうか。では、派遣という働き方をもっと拡大すべきでしょうか、それとも縮小するべきでしょうか。

社会のあり方という観点からも、考える必要があります。たとえば消費税の議論では、外食を軽減税率にしないと持ち帰りとの区別がややこしいといった「技術論」も、政策を混乱なく実施するためには大事です。が、私たちにとっては、どのような税負担で社会を支えようとしているのかということのほうが、もっと大事です。社会を支えるための負担は、社会で成功してお金持ちになった人はたくさん、貧しい人は少なくするのがよいと考えるのであれば、誰もが買わねば生きていけないような生鮮食料品は非課税にするといった案もありうるのではないでしょうか。

民主主義で決めることは、みんなに共通した問題です。したがって、どのような選択をすれば、みんなにとっての共通の利益になるか、という観点から考えなければなりません。

民主主義を多数派の政治のように言う人がいます。同じ社会に住むということは、共通の課題をかかえることになりますが、それについてある解決策をとれば、社会の構成員全体がその結果を受けることになります。一方で、同じ社会に住んでいても各人の利害が対立しますから、共通の課題に対してどのような解決策を選択するかについては、とうぜん、さまざまな意見があります。それを調整して一つの選択をするのが、政治の役割です。多数派の政治だと考えると、多数派の利害にしたがって選択することになりますが、みんなの政治であれば、みんなのためになる最良の選択をするということになります。

私は、民主主義とは、多数派の政治ではなく、「みんなの政治」であると考えます。そのことは、民主主義とはエイブラハム・リンカーンの言った「人民の人民による人民のための政治(government of the people, by the people, for the people)」のことだと、多くの人が認めていることからも明らかです。「the people」を、私たちが日常使っている言葉でひらたく訳せば「みんな」ですから、みんなが参加して、みんなのために、みんなの名でおこなわれる政治が、民主主義だと私は考えます。

この有名な言葉は、一八六三年、南北戦争最大の激戦地となったゲティスバーグの、国立戦没者墓地の開所式での演説で述べられたものです。戦死者たちが守ろうとしたもの、そして生き残った者たちが守るべきものが「人民の人民による人民のための政治」だと述べられたのです。

言論でものごとを決めるとは、おたがいの表明された意見が他者の意見を変える可能性があって、それによって一致した意見に達する可能性があるということです。そのためには、意見は結論を述べるだけではなく、なぜそう考えるのか理由をつけなければ、他者を説得する力をもちません。また、他者の意見を真剣に聞くこと、それを考慮に入れたうえで自らの意見を再構成してふたたび表明することが必要になります。そのくりかえしによって民主主義、言いかえれば私たちの社会が成り立ちます。

子どもたちのコミュニケーション能力が高いということで、フィンランドの教育が注目され、その教育方法が「フィンランド・メソッド」として紹介されています。その要点の一つに、先生が「なぜ」とくりかえし聞くことがあげられています。正答した子どもがほめられるのではなく、答えがまちがっていても、なぜその答えになると考えるのかをきちんと説明できた子どもがほめられるそうです。同様のことは、英米の教育を見てきた人からも聞いたことがあります。

方法を工夫して話しあいを重ねると、人々の意見がだんだんにまとまってくるということは、多く観察されています。しかし、複雑な社会では、全会一致の意見に達することのほうが、おそらく稀《まれ》でしょう。そこで、最終的には多数決で決めることになっています。民主主義が多数派の政治を意味すると考える人は、多数決は、多数派の意見によってものごとを決める手段だと考えますが、私の考える民主主義では、よく話しあっても意見が一致しないときに、やむをえずとる手段が多数決です。

経済学者の坂井豊貴《とよたか》先生は、多数決は正しい結論を導き出すことが多いということを、「陪審定理《ばいしんていり》」という理論を使って説明しています。人間の判断力が偶然をわずかに上まわり、一人の人が有罪か無罪かを判断して正しい結論にいたる確率が〇・六だとすれば、一人で判断すればその結論が正しい確率は〇・六になります。ところが、三人の多数決で決めると、〇・六四八になるのだそうです。多数決に参加する人数が増えるにしたがって正しい確率は上昇していき、七人では〇・七をこえ、一〇一人だと〇・九七をこすのだそうです。

このように、人数が増えるにつれて判断が正しい確率が一〇〇%にかぎりなく近づいていくというのが「陪審定理」です。この定理が成り立つためには、二つの条件が必要になるそうです。一つは、陪審員が情報を適切に与えられており、自分の理性をはたらかせて判断すること。もう一つは、自分の頭で考えることで、討議はあってもいいが、その場の雰囲気に流されたりしないことです。

通常の投票では、裁判の有罪・無罪とはちがって何が正しいのかの基準がはっきりしませんが、坂井先生は、投票において有権者は、私的な利益ではなく公的な利益への判断を求められていると理解すれば、通常の投票においても陪審定理が成り立つことになると言っています。つまり、多数決が、社会の選択として正しい判断を導き出す可能性が高いということになります。

この陪審定理は、民主主義を考えるうえで、さまざまな示唆を与えているように感じます。たとえば、投票にあたって、個人的な利益の観点から判断すれば、社会の選択としてはまちがう可能性が高いことをしめしています。多数が判断したほうがまちがわないとすれば、できるだけ多くの人が政治に参加したほうがよいこと、議員の数をできるだけ減らせばよいという議論にはならないことが明らかになりました。また、自分の頭で考えることが重要で、マスコミなどが言っていることを鵜呑みにして判断することが危険なこともわかります。判断に必要な情報が開示されていなければならないので、広く行政情報の公開をすすめるとともに、重要な争点については、その判断材料を幅広く提供することが必要になります。

財政学者の神野直彦先生は、民主主義は、未来は誰にもわからないという原則と人間には誰でもかけがえのない能力があるという二つの原則で成り立っていて、「共同意思決定に未来の選択をゆだねたほうがまちがいがない、まちがいが少ないという確信が、民主主義だ」と言っています。坂井先生の話とあわせて考えれば、一人一人が自らの「かけがえのない能力を発揮して」考えて決定に参加すれば、すぐれた能力をもった少数の人にまかせるよりも社会全体として正しい選択をする可能性が高いということになります。

ところで、坂井先生のいう「陪審定理」は、一人一人の具体の判断の正しい確率が〇・五を上まわらなければ成り立ちません。私たちにかけがえのない能力があり、偶然を上まわる判断力をもっているとしても、それを発揮しなければ、選択を誤るということとになります。私たちの判断力、かけがえのない能力を発揮するためには、それなりの学習が必要になると思います。

民主主義と学習

突然話が変わるようですが、みなさんは一生懸命勉強していると思います。では、学習は何のためにするのだと思いますか。いい学校に行くためですか、それとも、医師とか看護師、あるいは弁護士とかの資格を取るためですか。ノーベル賞をとるような偉い学者には、わからなかったことがわかるようになるのがおもしろいから研究するのだと言う人もいます。

一般的に学習とは、個人の行動が経験によって永続的に変化することをいいますが、社会にとってはどのような意味があるのでしょうか。

『論語』は、孔子《こうし》という約二五〇〇年前の偉大な思想家の言行を記録したものですが、「学びて時にこれを習う、亦《ま》た説《よろこ》ばしからずや」という有名な文句をはじめ、学習についての言及が多いのです。経済学者の安冨歩《やすとみあゆむ》先生は、『論語』のいう「学習」とは、何かを教えてもらってそれを自分自身に取りこむことが「学」であり、それが自分自身に変化をもたらして飛躍が生じることが「習」だと解釈しています。『論語』は、教えてもらうだけではそれにとらわれてしまうので自分の頭で考えなさいとも、まちがいに気がついたらすぐに改めなさいとも言っています。

『論語』がこのように学習を重視しているのは、その中心に「学習にもとづいた社会秩序」という思想があるからだそうです。安冨先生によれば、「君子《くんし》とは学習を開いており、自ら改める準備のできている人物」のことであり、君子が統治すれば社会の秩序は安定するというのが『論語』の中心的な思想なのです。

学習過程が開かれているとは、他者の意見に耳を傾け、まちがっていることに気がついたらすぐに改めるという学習態度ですが、それを可能にするために重要なのが「和」です。「和」とはたんに仲がいいことではなく、率直に意見交換ができるような信頼関係をいいます。安冨先生は、和とは「相互に考えが一致しているかどうかなど問わず、むしろその相違を原動力としてすすむ、こうした相互のちがいを尊重する動的な調和」のことだと言っています。それが、他者との望ましい相互関係だと『論語』は考えているわけです。

孔子の時代は王様が支配している時代でしたから、人の上に立つ者は君子でなければならないと説いたのですが、いまは、人々が支配する民主主義の時代ですから、社会秩序を安定させるためには、私たち一人一人が開かれた学習過程をもっていなければならないことになります。

じつは、そのような主張をしている現代の学者がいます。イギリスの教育学者であるスチュワート・ランソンと行政学者のジョン・スチュワートは、その共著で「新しい道徳的、政治的秩序の本質的な条件として、学習する社会の創造の必要がある」と主張しています。「学習する社会(the learning society)」とは、学習の価値と過程を公共領域の中心におく努力をする社会のことであり、それによって、社会を構成する一人一人の能力と、時代の変化に対応していく社会の力が向上するのです。また、意見のちがう集団どうしの理解もすすむのです。興味深いのは、ランソンとスチュワートも、学習する社会では、新しい考えに対してオープンであることや、意見を表明するとともに傾聴することが大事にされなければならないと言っていることです。これは、孔子が「和」を大事にしたことにつうじると思います。

民主主義論においても、最近は「熟議《じゅくぎ》民主主義」という考え方に注目が集まっています。政治学者の菊池理夫《まさお》先生は、「「熟議民主主義」とは、現在の民主主義がたんに投票するだけで終わり、しかもその投票がエリートによって操作されることもあることから、そのような投票だけの民主主義ではない、市民がよく熟慮して審議に加わっていく民主主義のことである」と説明しています。代表制は、自由民主主義では一般的ですが、人民の意思でものごとを決めようという民主主義の理想からは限界があるという認識から、このような主張が出てくるのです。

民主主義のためには、できるだけ多くの人が政治に参加することが必要ですが、民意を形成するためにはたんなる参加だけではなく熟議が必要だというのが、熟議民主主義の考え方です。「熟議」とは、おたがいのちがいを認めあったうえで議論を尽くすことをいいます。熟議民主主義の考え方の根底には、政治のめざすべきものは「共通善(common good)」(みんなにとって善きこと)だという政治思想があり、熟議によってのみ共通善を見出すことができると考えているのです。つまり、民主主義が個別利害の調整であってはならないという強い信念に支えられているといえましょう。

熟議民主主義は「deliberative democracy」の訳で、「討議デモクラシー」などとも訳されます。「discursive democracy(弁論的民主主義)」という言葉で主張されるのも、同様に理解してよいと考えます。

熟議民主主義の考え方が孔子やランソンとスチュワートが語っている学習につうじるのは、けっして偶然ではないと思います。安冨先生は、「人間社会が人間の学習能力によって秩序化されるという思想は、人類社会に普遍的に見られ、あらゆる時代のあらゆる場所で知られていることではないか」と言っていますが、「学習する社会」や「熟議民主主義」の考え方がそれを裏づけているように思います。

二三ページで紹介したブライスは、人々は地方自治をとおして、共通の問題に対しての義務を自覚し、心を一つにして他者と力をあわせることを学ぶことから、「地方自治は民主主義の最良の学校だ」と言いました。私たちも、地方自治の学校に参加し、その実践からさまざまなものを学習することによって、未来に向かって豊かな社会を築いていくことができるのではないでしょうか。

身近な地域自治に参加してみよう

以上のことから、地方自治のなかで、あなたがどのように行動すればよいのか、いくつかのヒントが出てきました。

できるだけ多くの人が参加して考えたほうが、よりよい地域社会の方向が見出せること。自分の利益のために考えるのではなく、地域社会がよくなるためにはどうしたらよいかと考えること。そのためには学習が必要なこと。あなたが学習することは、自分のためになるだけではなく、社会のためにもなるのだということ。学習はけっして競いあうものではなく、学びあうものであること。自分の考えを大事に育てながら、他者の考えからも学ぶこと。

よりよい社会で生きたいとすれば、あなたも政治に参加する必要があるということがわかりました。政治には、言論によって参加するのがルールですから、地方自治に参加するには、自らの意見を表明することが第一歩になります。そのためには、地域のことを勉強して、考えて、自らの意見をもつ必要があります。

とは言いながら、平成の大合併によって市町村の規模が大きくなりましたから、同じ市町村といってもなじみのない地域も多くなりました。たとえば、私の住んでいる三重県津市は、合併によって人口三〇万人近い都市になりました。そのなかには、映画『WOOD JOB!～神去《かむさり》なあなあ日常～』の舞台となった林業のまち美杉町《みすぎちょう》や、青山高原の風力発電で有名になった旧久居《ひさい》市も含まれていますし、県庁の所在地として地方政治の中心でもあります。いろいろな顔のある津市全体の地方自治について考えても、少し抽象的になってしまって、私たちの想像力がおよばないのではないでしょうか。

私は、より身近な近隣社会に目を向け、そこにどのような問題があるのか考え、そして「地域の自治」に参加することからはじめればよいと思います。いきなり自治会の会合に行ったりするのは難しいでしょうから、地域にはどのような問題があるのか、ご家族など大人の人に聞いてみるとよいと思います。自分の目で見ることも大切です。地域をじっさいに歩いて観察すれば、いろいろなことが見えてくるはずです。

そのようにして、地域の問題に関心をもち、勉強して自分の意見をもってください。民主主義は、言論でものごとを決めます。自分の意見をほかの人に聞いてもらい、ほかの人の意見も聞いて、さらに自分の意見を練り上げていく。そういうことのくりかえしの先に、よりよい地域社会が待っています。ほかの人の考えがあなたを動かすと同時に、あなたの考えもほかの人を動かし、ささやかな力であっても、地域全体の考えに影響していくのです。

いま、多くの地域で、若い人たちの力が必要になっています。見えてきた社会の問題に対して、ささやかであっても、何かあなたのできることが見つかるのではないでしょうか。尻込《しりご》みをせずに、やってみてください。「たとえ失敗をしても、そこから何か学べば、ほんとうの失敗ではない」とは、最近お聞きしたある経営者の言葉です。その会社は、着実な業績をあげているだけではなく、会社の事業活動をつうじて、社会に大きな貢献をしています。みなさんの挑戦も、最初はささやかなものであっても、やがて大きな社会貢献につながるのだと信じています。

選挙権年齢が、まもなく一八歳以上になります。選挙権が得られたら、かならず選挙に行ってください。ご自身の考えを実現するためには、どのように投票したらよいのか、これもたいへん難しいことなのですが、一生懸命考えて投票すれば、地域の未来は明るくなります。そのような明るい地域で構成された日本の未来も、きっと明るくなるでしょう。

おわりに

最後までお読みいただき、ありがとうございました。一般にあまり知られていないことも含めて、地方自治の姿を紹介してきましたが、地方自治を少しでも身近に感じられるようになったとしたら、とてもうれしく思います。

この本では、しくみで社会が動いているかのように書いてきました。しくみが必要なのは確かですが、それだけで社会が動くわけではけっしてなくて、社会を動かしているのは、一人一人の人間です。社会を円滑に動かしていくためには、私たちがそれをうまく動かしていくことによって、はじめてよき社会になり、一人一人が楽しく心豊かに暮らせるようになるのです。

今日、仕事帰りにドラッグストアに寄って買い物をしたら、レジ係の人がすてきな笑顔でおつりを渡してくれました。それだけで、とても幸せな気持ちになりました。私たち一人一人の行動が、社会全体の「幸せ」をつくっているのではないでしょうか。

みなさんは、これから社会に出て仕事をすると思います。私の友人が「働くとは、はた(三重県の方言でまわりの人)を楽にすることだ」と言うので、うまいことを言うなと思いました。妻が言うには、オリジナルは天才喜劇役者の故藤山寛美《かんび》さんの言葉だそうです。仕事をしてお金がもらえるのは、それが誰かの役に立つからですね。だから、仕事はたいへん尊いものです。

仕事をうまく回して、一人一人の働きがほかの人の役に立って、社会全体が暮らしやすい社会になるようにするためには、しくみがうまく機能しなければなりません。しくみのよさと一人一人の誠実な働きが、よりよい社会をつくっていくのです。

この本は、授業をもとに書きました。熱心に私の話を聞いてくれた、三重県立看護大学、三重県立飯南高校、そして今は閉学になった三重中京大学の学生・生徒のみなさんに感謝します。とくに、私は、授業でレポートを書いてもらいますが、それがたいへん参考になりました。いろいろな意見や疑問を寄せてもらうなかで、私の考えも深まり、何が問題なのか研究の方向をさししめしてくれたのです。

三重県内の市町の職員の方々にもいろいろ教えていただきました。鳥羽市の監査委員事務局の方には、まちがったところがないか一読していただきました。ありがとうございました。

この本は、神野直彦先生の『財政のしくみがわかる本』(岩波ジュニア新書)に触発されて書きました。とくに、社会を、政治システム、社会システム、経済システムという三つのシステムで理解するというのは、先生のアイデアです。それを借用して、行政サービスを説明するところから書きはじめたのですから、先生にはいくら感謝しても足りません。僭越ながら、その姉妹編のつもりで書きましたが、本書が前座で先生の著書が真打ちといったところでしょうか。みなさんもぜひ『財政のしくみがわかる本』を読んでみてください。

地方自治の研究は、哲学、歴史学、社会学、政治学、憲法学、行政法学、行政学、財政学、経済学など、じつに多くの学問分野の業績の上に成り立っています。この本を書くためにも、たくさんの本を参考にしました。ジュニア新書という性質上、いちいちお名前や書名をあげませんでしたが、諸先生方に厚く感謝申し上げるしだいです。

そのような書物のなかでも、岩波ジュニア新書の神野直彦『財政のしくみがわかる本』、山口二郎『政治のしくみがわかる本』、新藤宗幸『新版・行政ってなんだろう』の三冊と、民主主義については、佐々木毅『民主主義という不思議な仕組み』(ちくまプリマー新書)は、みなさんも読まれることをおすすめします。中高生向きに平易に書かれていますが、内容は深く、教えられるものの多い本ばかりで、政治や行政についての理解を深めてくれるはずです。

編集部の森光実さんには、企画の段階からいろいろとご助言をいただいたことで、本書を出版することができました。適時適切なアドバイスをいただくとともに、励ましをいただきながら書き上げました。しかし、一度もお目にかかることなく、メールと電話のやりとりだけでこの本ができあがったことに驚いています。これがインターネットの普及した情報社会の姿なのだと、あらためて感じることになりました。深く感謝申し上げます。

最後に、いつも励ましてくれる家族に感謝したいと思います。

二〇一六年二月

三重の地から　村林　守

【参考文献】 本文中、引用した文献を紹介します。ジュニア新書という性質上、正確に引用するというよりは、私の理解にもとづいて大胆に要約してあります。正確には、原典を読んでいただき、さらに、地方自治や政治、行政について勉強するうえでの参考としてください。

阿部齊『政治学入門』岩波書店
天川晃「変革の構想」、大森彌・佐藤誠三郎(編)『日本の地方政府』東京大学出版会
アリストテレス、田中美知太郎ほか訳『政治学』中央公論新社
今井一『住民投票』岩波新書
菊池理夫『共通善の政治学』勁草書房
菊池先生は政治思想の研究がご専門で、とくに現代コミュニタリアニズムにくわしいのです。
菊池理夫『日本を甦らせる政治思想』講談社現代新書をすすめます。
兼子仁『新 地方自治法』岩波新書／『変革期の地方自治法』岩波新書
桑子敏雄『空間と身体』東信堂／『環境の哲学』講談社学術文庫
小西砂千夫『地方財政改革の政治経済学』有斐閣
小林良彰『現代日本の政治過程』東京大学出版会／『選挙・投票行動』東京大学出版会／『政権交代』中公新書
小原隆治「戦前日本の地方自治制度の変遷」、西尾勝(編)『自治の原点と制度』ぎょうせい
坂井豊貴『多数決を疑う』岩波新書

神野直彦『システム改革の政治経済学』岩波書店／『人間回復の経済学』岩波新書／『財政のしくみがわかる本』岩波ジュニア新書
高木鉦作「日本の地方自治」、『行政学講座第2巻・行政の歴史』東京大学出版会
竹下譲「パラダイムの転換」、日本地方自治学会(編)『公共事業と地方自治』敬文堂／『新版・世界の地方自治制度』イマジン出版／「自治体における代表性」、自治体学会(編)『自治体における代表制』第一法規
田中宏『在日外国人〔第三版〕』岩波新書
西尾勝『未完の分権改革』岩波書店／『地方分権改革』東京大学出版会
日高昭夫『市町村と地域自治会』山梨ふるさと文庫
ブライス、松山武訳『近代民主政治』岩波文庫
C・B・マクファーソン、粟田賢三訳『現代世界の民主主義』岩波新書
村林守『こうすればできる自治体改革』和泉書院
村松岐夫『地方自治』東京大学出版会
安富歩『生きるための論語』ちくま新書
結城登美雄『地元学からの出発』農山漁村文化協会
吉本哲郎『地元学をはじめよう』岩波ジュニア新書
Ranson and Stewart: Management for the Public Domain, MacMillan Press.

索　引（用語の意味が書いてあるページ）

村林 守
1948年三重県生まれ．京都大学卒業．
三重県に勤務．総合企画局長，政策部長を経て，2007年退職．三重中京大学現代法経学部教授，同地域社会研究所長を経て，2013年退職．現在，三重中京大学名誉教授，三重県立看護大学非常勤講師．
著書に『こうすればできる自治体改革』(和泉書院)，『地域をめぐる諸問題』(編著．三重中京大学地域社会研究所叢書．和泉書院)などがある．

地方自治のしくみがわかる本　岩波ジュニア新書 823

2016年2月19日　第1刷発行
2022年11月15日　第4刷発行

著　者　村林《むらばやし》 守《まもる》

発行者　坂本政謙

発行所　株式会社 岩波書店
〒101-8002 東京都千代田区一ツ橋 2-5-5
案内 03-5210-4000　営業部 03-5210-4111
ジュニア新書編集部 03-5210-4065
https://www.iwanami.co.jp/

組版　シーズ・プランニング
印刷製本・法令印刷　カバー・精興社

ISBN 978-4-00-500823-0　Printed in Japan

岩波ジュニア新書の発足に際して

きみたち若い世代は人生の出発点に立っています。きみたちの未来は大きな可能性に満ち、陽春の日のようにひかり輝いています。勉学に体力づくりに、明るくはつらつとした日々を送っていることでしょう。

しかしながら、現代の社会は、また、さまざまな矛盾をはらんでいます。営々として築かれた人類の歴史のなかで、幾千億の先達《せんだつ》たちの英知と努力によって、未知が究明され、人類の進歩がもたらされ、大きく文化として蓄積されてきました。にもかかわらず現代は、核戦争による人類絶滅の危機、貧富の差をはじめとするさまざまな人間的不平等、社会と科学の発展が一方においてもたらした環境の破壊、エネルギーや食糧問題の不安等々、来るべき二十一世紀を前にして、解決を迫られているたくさんの大きな課題がひしめいています。現実の世界はきわめて厳しく、人類の平和と発展のためには、きみたちの新しい英知と真摯《しんし》な努力が切実に必要とされています。

きみたちの前途には、こうした人類の明日の運命が託されています。ですから、たとえば現在の学校で生じているささいな「学力」の差、あるいは家庭環境などによる条件の違いにとらわれて、自分の将来を見限ったりはしないでほしいと思います。個々人の能力とか才能は、いつどこで開花するか計り知れないものがありますし、努力と鍛練の積み重ねの上にこそ切り開かれるものですから、簡単に可能性を放棄したり、容易に「現実」と妥協したりすることのないようにと願っています。

わたしたちは、これから人生を歩むきみたちが、生きることのほんとうの意味を問い、大きく明日をひらくことを心から期待して、ここに新たに岩波ジュニア新書を創刊します。現実に立ち向かうために必要とする知性、豊かな感性と想像力を、きみたちが自らのなかに育てるのに役立ててもらえるよう、すぐれた執筆者による適切な話題を、豊富な写真や挿絵とともに書き下ろしで提供します。若い世代の良き話し相手として、このシリーズを注目してください。わたしたちもまた、きみたちの明日に刮目《かつもく》しています。（一九七九年六月）